CHRISTA MEVES
ANDREA DILLON

Hochsommer

Abkehr vom Zeitgeist – Aufbruch zur Zukunft

Ein Briefwechsel

CHRISTIANA-VERLAG
STEIN AM RHEIN

Biographische Notizen

Christa Meves, geboren 1925. Studium der Germanistik, Geographie und Philosophie an den Universitäten Breslau und Kiel, Staatsexamen in Hamburg, dort zusätzliches Studium der Psychologie. Fachausbildung im Psychotherapeutischen Institut in Hannover und Göttingen. Freipraktizierende Kinder- und Jugendpsychotherapeutin in Uelzen. Arztfrau und Mutter zweier Töchter, sechs Enkel. 1974 Wilhelm-Bölsche-Medaille, 1976 Prix AMADE, 1978 Niedersächsischer Verdienstorden. 1979 Konrad-Adenauer-Preis der Deutschlandstiftung. 1985 Bundesverdienstkreuz erster Klasse. 1987 Konversion zum katholischen Glauben.

77 Buchpublikationen, Übersetzungen in 11 Sprachen.

Gesamtauflage: 4 Millionen Exemplare in deutscher Sprache.

Andrea Dillon, geboren 1969, Studium der Germanistik, Philosophie, Psychologie und Pädagogik an der Universität Graz. 1992 Sponsion zum Magister der Philosophie. Dissertation in Pädagogik. 1995 Promotion zum Doktor phil.

Bildlegende und Fotonachweis:
1. Umschlagseite: Rose hinter beschlagener Fensterscheibe.
Foto: Presse-Bild-Poss, D-83313 Siegsdorf/Oberbayern.
Foto Rast CH-1700 Fribourg: Alle s/w-Bilder

2. Auflage 1996: 6.–10. Tsd.

CH-8260 STEIN AM RHEIN/Schweiz

Satz und Layout: Christiana-Verlag
Druck: Bargezzi Druck AG, Bern - Printed in Switzerland

Die Deutsche Bibliothek – CIP-Einheitsaufnahme
Hochsommer: Abkehr vom Zeitgeist – Aufbruch zur Zukunft; ein Briefwechsel / Christa Meves; Andrea Dillon. – 2. Aufl., 6.–10. Tsd. – Stein am Rhein: Christiana-Verl., 1994
NE: Meves, Christa; Dillon, Andrea
ISBN 3-7171-0986-3

Christa Meves und Andrea Dillon

Hochsommer

Jesus Christus lehrt die Menschen, daß in ihnen etwas ist, was sie über dieses Leben mit seinem Jagen, seiner Angst und Lust emporhebt.
Wer die Lehre Christi begreift, hat dasselbe Gefühl wie ein Vogel, der bis dahin nicht wußte, daß er Flügel besitzt und nun plötzlich begreift, daß er fliegen, frei sein kann und nichts mehr zu fürchten braucht.

Leo Tolstoi

Die jungen Leute insbesondere sind ein lebhaftes und verheißungsvolles Zeichen von Gottes lebensspendender Gegenwart im Herzen der Welt.

Der Heilige Geist erweckt in den Gliedern der Kirche ein Verlangen nach Transzendenz und rührt ihre Herzen zu einer Sehnsucht nach inniger persönlicher Beziehung mit dem dreieinigen Gott.

Papst Johannes Paul II.
beim Weltjugendtreffen in Denver, USA, 1993

VIA·VERITAS·VITA

«Si apud bibliothecam hortulum habes, nihil deerit – Wenn Du neben Deiner Bibliothek einen Garten hast, was kann Dir da noch fehlen?» Dieser Ausspruch des römischen Staatsmannes Cicero trifft auf Christa Meves zu. Hier, an diesem runden Arbeitstisch in ihrem Garten neben dem Heidefluß Ilmenau, hat sie alle Briefe dieses Buches geschrieben.

Vorwort des Verlegers

Als ich mit Christa Meves wegen der zweiten Auflage ihres Buches «Wahrheit befreit» verhandelte, fragte ich sie, ob sie einen Fernkopierer besitze. Sie verneinte, und zwar in einem Ton, der nicht viel Sympathie für dieses neue Gerät vermuten ließ. Ich erklärte, daß das Fax unsere Branche regelrecht revolutioniert habe: Der Verkehr zwischen Verlag, Druckerei, Buchbinderei und auch mit einzelnen Autoren sei viel flüssiger geworden, und der Zeitgewinn sei enorm. Mein Plädoyer muß offenbar auf fruchtbaren Boden gefallen sein, denn Christa Meves hat sich bald darauf ein Gerät besorgt und ist selbst ein Faxfan geworden.

Das hier vorliegende Buch verfaßte sie zusammen mit der 25jährigen Lehrerin Andrea Dillon aus Graz in Form eines Briefwechsels: 13 Briefe hin, 13 Briefe zurück, jedes Mal über eine Distanz von 1500 Kilometern – per Fax!

Das Buch trägt den Titel «Hochsommer», weil es in den heißesten Tagen dieses extremen Hochsommers 1994 entstanden ist, und zwar in der kurzen Zeit vom 16. Juli bis zum 28. August 1994. In diesen 26 Briefen ringen eine ältere, erfahrene Psychotherapeutin und Schriftstellerin und eine junge Frau um Glaubensfragen. Das Thema war für die beiden Frauen so brennend, daß sie regelrecht ins Feuer gerieten und in der Hitze der geistigen Auseinandersetzung die Hitze, unter der ganz Europa stöhnte, offenbar kaum spürten.

Auch im Verlag ging es in diesem Hochsommer heiß zu und her. U.a. brachten wir das heiß umstrittene Apostolische Schreiben «Ordinatio sacerdotalis – über die nur Männern vorbehaltene Priesterweihe» von Papst Johannes Paul II. heraus. Quer zum Zeitgeist liegt auch das große Werk «Heilige Eheleute» von Professor Holböck, das in einer familienfeindlichen Umwelt das Ideal der christlichen Ehe und Familie aufleuchten läßt.

Das Buch von Christa Meves und Andrea Dillon ist durch diese neue Form der Übermittlung in einem sehr lebendigen und unmittelbaren geistigen Kontakt entstanden. Vielleicht ist es das erste Buch, das so direkt dem Fax seine Kontur verdankt. Zwei Christinnen unserer Zeit erleben und leiden unter einer der schwersten Kirchenkrisen der Geschichte – in einer Welt, in der sich das Wort des heiligen Don Bosco bewahrheitet: «Die Macht der Bösen erwächst aus der Feigheit der Guten.»

In dieser glaubensfeindlichen, ja oft haßerfüllten Welt geschieht plötzlich das Wunder: Wie eine rot leuchtende Rose erblüht in diesem Buch eine zarte Liebe zu Christus und seiner Kirche. Möge Gott uns nach diesem heißen Hochsommer eine reiche Ernte schenken.

Stein am Rhein, am Fest Maria Namen, den 12. September 1994

Arnold Guillet

Einführung

Dies geschieht mir beim Lesen der täglichen Post nun immer häufiger: Daß junge Menschen nach Zusammenhängen fragen, die ihnen die Medien, die Schulen, die Ausbildungsinstitute nicht oder nur unbefriedigend beantworten. Kündigt sich damit nicht eine neue Ära an?

Mir scheint, daß die Phase der jüngsten Vergangenheit, in der man die Jugend dazu gebracht hatte zu meinen, daß sie die Weisheit bereits mit Löffeln gegessen hätte, so daß sie wähnte, im Vollbesitz der letztgültigen Wahrheit zu sein, vorüber ist. Die «Erziehung zur Kritikfähigkeit» hat offenbar Wirkung gezeigt; denn es bricht eine Absage an die vorgebeteten Anschauungsmuster auf.

Unbefangen möchten die Jahrgänge der 70er Jahre an die Eroberung eines Standpunktes, an die Entscheidung für eine Weltsicht herangehen; sie scheuen sich nicht, aus diesem Grund bei den Älteren anzuklopfen und sie nach ihren Erfahrungen zu befragen – nicht um deren Ansichten sklavisch zu übernehmen; aber um sie zu bedenken, um ganz im paulinischen Sinne das Gute zu behalten.

Es ist ein Bedürfnis entstanden, die Fäden, die durch den Abbruch mit der Tradition in der jüngsten Vergangenheit zerrissen wurden, wieder anzuknüpfen.

Ist das nicht eine wunderschöne neue Hoffnung?

Und besonders erfreulich erscheint mir das im Hinblick auf die Beziehung junger Menschen zum Glauben. Gewiß, in diesem Bereich ist die Verwüstung im allgemeinen groß; und dennoch bricht gerade in einzelnen jungen Menschen eine neue Glaubenssehnsucht, ja, nicht nur das, sondern sogar ein besonderes Verständnis, ein intensives Erfaßtsein vom Glauben auf.

Mit großem Erstaunen stellte ich das bei meinem sich zunehmend intensivierenden Briefwechsel mit einer mir zunächst unbekannten Grazerin, Andrea Dillon, fest. Diese junge Österreicherin hatte nach der Matura an der Karl-Franzens-Universität Philosophie, Psychologie, Pädagogik und Germanistik studiert und das Studium nach der Diplomprüfung und der Sponsion zum Magister mit einer Promotion in Pädagogik abgeschlossen. Der österreichische «Lehrerberg» hinderte sie bisher, nach dem ersten Unterrichtsjahr eine Anstellung zu finden, was sie nicht allzu sehr bekümmert, da sie ein volles Programm mit Nachhilfeschülern und Tätigkeiten verschiedenster Art hat. Vor allem aber nutzt sie dieses Vakuum zu einer Erweiterung ihres geistigen Umfeldes und zur Vertiefung ihres ausgeprägten katholischen Glaubenslebens.

Dazu gehörte ihr Einfall, an mich zu schreiben, was zu einem geradezu stürmischen Briefwechsel in der Hitze-Urlaubszeit dieses Sommers führte.

Vor kurzem sind wir uns dann auch begegnet, und zwar rückte die junge Frau mit einem österreichischen Filmteam an, das sie angeheuert hatte, um ein Video über meine Lebensarbeit zu drehen!

Diese Begegnung hat die Freude an der geistigen Verwandtschaft über fast zwei Generationen hinweg noch verstärkt, ebenso wie unser Bedürfnis nach noch mehr Austausch über Fragen des Glaubens, der Kirche, der Lebenseinstellung in den beiden deutschsprachigen Ländern. Und es wuchs in uns die Hoffnung, etwas zur *Ermutigung*, etwas zur *Wiederbelebung* des Glaubens beizutragen, indem wir die Leser meines Schrifttums an diesem Gedankenaustausch teilhaben lassen.

Die Zukunft hat schon begonnen. Das wollen wir mit der Veröffentlichung dieses Briefwechsels signalisieren – frei nach dem großen Satz des Properz: «In großen Dingen genügt es, sie gewollt zu haben.»

Uelzen und Graz im Herbst 1994

Christa Meves und Andrea Dillon

Graz, 16. Juli 1994

Liebe Christa Meves!

Schon eine volle Woche ist seit unserer ersten (hoffentlich nicht letzten!) Begegnung, die mir im Geiste noch so lebendig vor Augen steht, vergangen, und ich frage mich, wo die Zeit so schnell hingekommen ist... Und wenn ich dann noch Revue passieren lasse, seit wie vielen Jahren ich Sie gewissermaßen durch Ihre Bücher «kenne», dann frage ich mich das erst recht!

Habe ich Ihnen eigentlich schon erzählt, wie eifrig meine Freundinnen und ich Ihre Bücher «verschlingen» (und zwar nicht im Stück, sondern gleich im Dutzend!)? Wohl nicht, denn dazu war das letzte Wochenende nun doch zu kurz, bei so vielen anderen spannenden Themen.

Egal, ob es um die pädagogische Arbeit mit Kindern und Jugendlichen geht, ob im Freundeskreis geheiratet wird (da muß das «Ehe-Alphabet» natürlich mit von der Partie sein...), ob irgendwo ein Baby unterwegs oder gerade angekommen ist: Ihre Bücher sind mit dabei und geben meist den Ausschlag, wenn konträre Meinungen auftreten.

Auch während des Studiums gehörten Sie zu meinen bevorzugten Autoren. Ihr Konzept bot so etwas wie einen «ganzheitlichen Ansatz»: Biologisches Fundament, Einbeziehung der Religion ins anthropologische Konzept und Argumentation von der beobachtenden Kasuistik her, und alles das verschmolzen zu einer griffigen Einheit.

Sie bieten, um auf eine schöne Formulierung von Prof. Joachim Illies zurückzugreifen, «ein neues Konzept vom Menschen, in das die Ergebnisse der Genetik, der Verhaltensforschung, der Umweltforschung und Entwicklungspsychologie, der Pädagogik von Montessori bis Flitner, der Biologie von Portmann bis Spitz, der Philosophie von Scheler bis Gehlen und der Tiefenpsychologie von Freud bis Jung in dem Maße Eingang finden, wie sie sich als wirksam und heilend erweisen».

Auch während meines Unterrichtspraktikums im Schuljahr 92/93 habe ich im Psychologieunterricht gerne auf Ihre Unterlagen zurückgegriffen, was, glaube ich, auch ganz gut angekommen ist.

Dafür möchte ich Ihnen einfach einmal ein herzliches «Danke!» sagen, gewiß im Namen vieler. Was Sie in Ihrem Leben geleistet haben, geht über Menschenkraft hinaus und ist mir ein deutliches Zeichen dafür...

Das war ja auch der eigentliche Grund für meine Idee, ein Video über Sie drehen zu lassen, um so Ihr schriftliches Apostolat zu ergänzen und – hoffentlich! – zu potenzieren. Warum sollen die modernen Medien, die ja so oft im Dienst des Negativen stehen, nicht auch für solche Zwecke eingesetzt werden?

Ich denke, daß hier auch für die Kirche ein noch unentdecktes Potential an Möglichkeiten verborgen liegt; es brauchte nur ein bißchen Mut, sich damit anzufreunden, und verantwortungsvolle Mitarbeiter im Dienst an der guten Sache!

Doch nun zum eigentlichen Grund meines Briefes: Sie werden sich erinnern, daß ich Ihnen bereits in unserem Video-Interview die Frage nach der Vereinbarkeit von Glauben und Psychotherapie gestellt habe. Zwar habe ich Ihre Antwort durchaus noch im Kopf, aber das Thema beschäftigt mich doch noch immer, und ich würde dazu so gern etwas *mehr* von Ihnen erfahren. Den konkreten Anlaß für dieses Nachdenken bildet die Lektüre eines Drewermann-Bestsellers, der Ihnen sicherlich bekannt ist: «Kleriker – Psychogramm eines Ideals»...

Ich habe erfahren, daß Herr Drewermann zwar habilitierter Theologe, aber weder Psychologe noch Arzt ist (was in der breiten Öffentlichkeit kaum bekannt zu sein scheint), daß er eine Ausbildung zum Psychoanalytiker abgebrochen hat – und daher weder Tiefenpsychologe noch analytischer Psychotherapeut sein kann, obwohl er sich in den Medien wie kein zweiter dazu autorisiert fühlt, vermittels seines «tiefenpsychologischen Ansatzes» Kirche und Christentum abzuqualifizieren.

Was die Methodik Drewermanns betrifft, so kritisiert Prof. DDr. Möde in seinem brillanten Aufsatz («Eugen Drewermanns Tiefenpsychologie – Bilanz aus psychologischer Sicht») dessen Mißbrauch der neopsychoanalytischen Methode durch unzulässige Verallgemeinerungen und ungültige Übertragungen; Drewermann sei nicht in der Lage, den theoretischen Gesamtstellenwert und die praktische Geltungsbreite der einzelnen analytischen Methoden richtig einzuschätzen, so daß sein Ansatz grenzenlos einseitig und übertrieben sei. Undifferenzierte Generalisierung und freischwebende Spekulation hätten mit seriöser Psychodiagnose nichts gemein...

Nun gut, so weit zu Drewermann. Jetzt würde mich aber interessieren, wie die katholische Kirche und die moderne Psychotherapie wirklich zueinander stehen sollen? Gibt es da überhaupt einen gemeinsamen Nenner, und wenn ja, welchen?

Liebe Christa Meves, Sie sind ja nun beides, sowohl gläubige Katholikin als auch praktizierende analytische Psychotherapeutin für Kinder und Jugendliche, und da ich die schöne Erlaubnis genieße, Sie auch mit solchen Fragen «belästigen» zu dürfen, möchte ich Ihnen diesen ganzen Themenkomplex einfach einmal vorlegen...

Es gibt bestimmt viele junge Menschen (ich bin übrigens im Juni 25 geworden), die sich eine solche Gelegenheit des «Sich-Rat-Holen-Dürfens» bei einem erfahrenen, älteren und liebevollen Menschen innig herbeiwünschen, und Sie sollen wissen, daß ich sehr, sehr dankbar bin, bei Ihnen diese Möglichkeit des Anfragens zu haben und Orientierung zu finden – dankbar Ihnen, dankbar aber auch dem Herrn, daß er die Dinge so fügt, wie sie sind.

Ich freue mich schon sehr auf Ihre Antwort, danke im voraus für die Zeit, die Sie mir dadurch schenken, und verbleibe mit ganz herzlichen Grüßen

Ihre Andrea

Uelzen, 17. Juli 1994

Liebe Andrea!

Als ich heute morgen in aller Herrgottsfrühe zum Fluß hinunterging, saß hoch oben auf der höchsten gelb schimmernden Astbeuge der Trauerweide ein fremder, seltener Vogel, mit blau und rot schimmerndem Gefieder, mit einem fein geschwungenen Schnabel und einem eleganten Kopf. Er saß über all dem sich niederbeugenden Gezweige hoch aufgerichtet und blickte der sich über den Horizont erhebenden Sonne entgegen...

Er schien mir wie ein Bote, der triumphierend verkündet: «Schau, da ist sie, Gottes herrliche Schöpfung, da taucht sie aus der Urnacht empor zu besonnter Herrlichkeit! Da mögt ihr trauern und euch ängstigen; aber seid doch gewiß: Die Schönheit, Gottes Wahrheit, siegt dennoch, jeden Tag neu und in alle Ewigkeit!»

Sie sehen, die Begegnung, die Arbeit mit Ihnen hat mich froh gemacht, erfreut über einen jungen Menschen, der mich durch seine Art zu sein mit neuer Hoffnung beschenkte. Und ich bin mir sicher, daß das nicht daran liegt, daß Sie mir, wie auch in Ihrem Brief jetzt, einiges Freundliche zu meinen Büchern sagten. Gewiß, auch ich bin nicht gefeit gegen Eitelkeit, aber mit lieben Worten bin ich durch die vielen Briefe der vergangenen 25 Jahre so verwöhnt worden, daß die gewiß abgesättigt worden ist.

Nein, der Grund meiner besonderen, meiner tiefen Freude liegt in zwei Gegebenheiten: in einer geistlichen Übereinstimmung, in einem Maß, wie es das einfach nur selten gibt, und darüber hinaus in der Höhe von Bewußtheit, wie sie aus dem Herzen und dem Mund einer so jungen Frau herausströmte, einer studierten zwar, sogar mit einem Doktorhut, aber keiner, an der das Studium Schaden angerichtet hat, – ein Mädchen, unverbildet, natürlich, hellwach, ja sogar mit moderner Technik vertraut...

Gern will ich mich deshalb über Ihre Fragen in dem Brief von gestern hermachen, handelt es sich dabei doch um ein durchaus bedeutsames Problem: die Stellung zwischen Psychotherapie und Kirche. Nicht ohne Grund kommen Sie deshalb auf Eugen Drewermann zu sprechen, und das ist auch unumgänglich, zieht er doch gewissermaßen im Namen der Psychotherapie gerade so viele suchende, ja, so viele gläubige Menschen an.

Das ist auch verständlich; denn viele Partien der Bibel sind übersät mit Symbolen. Christus benutzte sie (als Gleichnisse) ganz gezielt, weil er natürlich wußte, daß das Unbewußte des Menschen in Bildern denkt und durch Bilder Erkenntnisse gewinnt. Deshalb ist es für den «verkopften», das heißt den rational überfrachteten, Menschen der Moderne geradezu lebensnotwendig, über die Deutung der biblischen Bilderwelt einen neuen Zugang zur Wahrheit zu suchen und zu finden.

Hier ist eine Einstiegsmöglichkeit, hier hat Drewermann eine Wirkmöglichkeit richtig gesehen; nur ist ihm in seiner Entdeckerfreude, die ja auch aus seinem umfänglichen Werk spricht, ein Kardinalfehler unterlaufen: In einer Art Höhenrausch hat er vergessen, daß alle Wissenschaft und ganz besonders die Tiefenpsychologie C. G. Jungs, auf der seine Aussagen anfangs beruhten, allemal nur die Funktion von Beihilfen für die Religion haben dürfen.

Drewermann überhob sich, er setzte sich als Knopf auf den Kirchturm und meint, von dort aus nicht nur die Kirche, der er zugehört, sondern schließlich sogar das heilige Mysterium, den Kern des Glaubens ad absurdum führen zu können: Ironischer O-Ton Drewermann in einer Serie der BILD-Zeitung mit dem Thema: «Ich erklär' dir Gott» (!!):

«Diese Religion. Mit ihren ehernen Sätzen: Gott hat die Welt erschaffen. Es gibt den Teufel und die Hölle. Jesus ist übers Wasser gegangen. Sein Grab haben Engel am dritten Tag nach seinem Tod geöffnet. Und 40 Tage danach fuhr er sichtbar zum Himmel auf. (*Wie schön für ihn!*) Er konnte alles, was er wollte. Denn er war der Sohn Gottes. Wir aber sind nur Menschen und sitzen weiter in der Patsche.»

Das freilich hat auch mit Tiefenpsychologie nichts mehr zu tun, sondern ist lediglich in trauriger Vulgärmanier dem Zeitgeist nach dem Munde geredet. Und mit dem Kernstück unseres Glaubens wird bei Drewermann die große heilige Kirche, der Leib Christi, gleich mit abgeschafft:

«Der himmlische Vater und sein liebender Sohn... Vorstellungen dieser Art haben das Leben vieler frommer und bemühter Menschen seit Kindertagen in eine Kette endloser Bemühungen und Selbstquälereien gezwungen, immer wieder mußten sie sich opfern im Gehorsam gegenüber ihren Eltern, im Interesse bestimmter Machtansprüche der Kirche.»

Auch hier werden Auswüchse anklagend für das Ganze genommen, um einem in den Medien aufgebauschten Argument der Kirchenkritik Nachdruck zu verleihen. Die heilige Kirche kann auf ein solches Schreiben eines ihrer gefährlichsten Renegaten doch nur reagieren wie der König David in Trauer und Entsetzen über seinen abtrünnigen Sohn Abschalom: indem sie ihr Haupt verhüllt. Es ist ebenso anmaßend wie überheblich zu meinen, die geschichtliche Wirklichkeit des Evangeliums ließe sich durch symbolische Deutungen abschaffen.

Der renommierte Theologe Klaus Berger, Heidelberg, schrieb in einer Rezension des jüngsten Werkes von Drewermann in der FAZ (3.8.94)

«Das Ganze ist deshalb postkatholisch und überhaupt nicht protestantisch, weil hier wirklich fern der Bibel eine neue psychosymbolistische Religion auf der Basis der Evolutionstheorie eingeführt wird. (...)

Das ist die neue Gefühlsreligion: grenzenlos, konturenlos und angeblich prophetisch. (...) Unser Autor dagegen unterscheidet sich von Propheten dadurch, daß er die Leute hemmungslos bestätigt und überhaupt nicht unbequem ist. Bestätigt und geradezu heiliggesprochen wird hier das, was uns von Kindesbeinen an als die «Religion» der der Kirche entfremdeten neuheidnischen Nachbarn allerseits geläufig war. Darin liegt das Geheimnis von dieses Meisters Erfolg: Das, was man «seelsorgliche Situation» nennt, zum Inhalt der Verkündigung selbst zu machen. Rundum zu bestätigen, was der deutsche Kleinbürger denkt – das ist Drewermanns Methode. (...)

Eine Nicht-Kirche aber ist keine Antwort. Deshalb nicht, weil Anarchie, der vollständige Verlust geprägter Form, kein diskutables Ziel sein kann.»

Gläubige Menschen der Moderne können (und sollten!) Drewermann deshalb entbehren, aber auch, weil die Funktion der tiefenpsychologischen Symbollehre heute bereits erfüllt ist: In jedem Glaubensgesprächskreis, in jeder meditativen Bemühung um biblische Texte hat es sich mittlerweile eingebürgert, einzelne Aussagen *auch* symbolisch zu verstehen und sie eventuell auch in einem übertragenen Sinn auf die eigene persönliche Befindlichkeit oder auf die unserer Zeit anzuwenden. Das, was an dieser Methode grundsätzlich fruchtbar sein kann – als Eingangspforte für ein tieferes Glaubensverständnis –, ist heute bereits üblich geworden.

Damit wird aber auch deutlich, daß wir glücklicherweise bereits wieder von der Versuchung abgerückt sind, die Tiefenpsychologie zur Ersatzreligion avancieren zu lassen. So sehr der eine oder der andere hier auch noch angefochten sein mag – im großen und ganzen hat sich dieser Versuch des Schneiderleins, sich auf den Gottesthron zu setzen, bereits überholt. Die fruchtbaren Ansätze der Symbollehre sind schon integriert und kraftgebend der Bemühung um lebendige Glaubenserneuerung zugute gekommen. Atheistisches, Überhebliches, Blasphemisches und Häretisches aus diesem Lager wird bald der Vergessenheit anheimfallen.

Nicht viel anders ist es mit dem psychotherapeutischen Teilbereich der Tiefenpsychologie. Da gab es neue Zugangsmöglichkeiten zur Seele mit Hilfe einiger kluger Entdeckungen der Klassiker Freud, Jung und Adler, und es gab daraufhin ein millionenfaches, teils fruchtbares, teils überhebliches Experimentieren am Menschen mit den neuen Theorien, ein ganzes Jahrhundert lang.

Dabei hatte Freuds Urmodell: den Menschen auf eine Couch zu plazieren und sich lediglich als schweigsamer Zuhörer ohne Blickkontakt hinter den Patienten zu setzen, eigentlich wenig mit Therapie zu tun, sondern es wurde – zu Unrecht als therapeutische Methode deklariert – zu einer Erkenntnisfundgrube, weil erstmals in einer psychiatrischen Praxis endlich *zugehört* wurde.

Aber Freuds Vorstellung, daß der Mensch schlagartig heil zu werden vermag, wenn sein seelisches Trauma nur erst einmal ins Bewußtsein getreten sei (dies mag in wenigen Einzelfällen richtig gewesen sein), bestand die Probe im Massenversuch des 20. Jahrhunderts nicht; die Heilungsquote bei einer meist jahrelangen Psychotherapie nach der klassischen Psychoanalyse erwies sich als wenig befriedigend.

Die Anwesenheit eines Arztes ohne Zuwendung, ja die Verweigerung von Bindung und Kontakt, brachte die Patienten früher oder später in eine Phase gekränkter Aversion und Aggression, die von den Psychoanalytikern freilich grundsätzlich als ein Nacherleben der primären seelischen Verwundungen, als sogenannte «Übertragung», gedeutet wurde und so eine Methodenkritik lange Zeit unterband.

Die Dogmatisierung der Freudschen Analyse verdrängte die folgende Erkenntnis: Daß ein dualer Bezug zwischen zwei Menschen in einem therapeutischen Gefüge mit Mißerfolg und Enttäuschung enden muß, wenn der Heilung Suchende vom Heiler nicht angenommen wird und dieser nicht mit liebevoller Einfühlung dem Leidenden entgegenkommt. Die liebende Haltung ist eine unabdingbare Vorgabe, um einer seelischen Not abhelfen zu können.

Ich führe das hier so umständlich aus, liebe Andrea, damit Sie sehen, daß selbst die Erfolglosigkeit der Psychoanalyse als Erkenntnis auf den Punkt Omega verweist: Christus hat uns den Weg zur Heilung von Menschen grundlegender vorgegeben als Freud: Erst ist da immer die Zuwendung des Herrn, sein Zuhören, auch sein Fragen, seine Kontaktaufnahme, und erst auf dem Boden dieser Vorgabe findet dann sein Heilen statt! Und diese Erkenntnis verweist die Psychotherapie letztlich auch wieder in den Raum der Kirche, in den Beichtstuhl, in die kirchliche Beratungspraxis. Aber außer dem offenen Gespräch mit dem Pfarrer muß selbstverständlich die Lossprechung durch den von Christus bevollmächtigten Priester den Mittelpunkt bilden.

Ein solches Vorgehen erst könnte echten Fortschritt in der Psychotherapie bedeuten, was freilich voraussetzt, daß jeder Geistliche im Priesterseminar umfängliche Kenntnisse über Psychopathologie und Neurosenlehre erwirbt und so in die Lage versetzt wird, auf den sehr bedeutsamen Erkenntnissen über Fehlentwicklungen aufbauen zu können, die besonders auch die Nachfahren der drei Klassiker der Psychoanalyse entwickelten.

Aber selbst die Therapieansätze mit einer nicht mehr den Kontakt verweigernden Psychotherapie können für den Patienten lediglich eine Hilfe sein, um sich selbst zu verstehen und sich neu zu bemühen. Seelische Heilung bleibt letztlich immer ein Wunder und ist durch die fabelhafteste Psychotechnik nicht zu erreichen. Das Heil ist eine Tat von Jesus Christus und seinen Heiligen geblieben. Alles andere ist Illusion. Die Wahrheit ist in der liturgischen Bitte enthalten: «Herr, sprich nur ein Wort – so wird meine Seele gesund.»

Ich weiß nicht, ob Sie das verstehen können, liebe Andrea. Aber mir scheint, daß die Zeit reif ist für eine fruchtbare Ent-Täuschung an dieser Art der Psychotherapie. Deshalb brauchen wir Fachleute uns nicht abzuschaffen, wir dürfen es nicht einmal, seufzt doch die Menschheit bereits bitter schwer und hilflos unter ihren selbst eingehandelten psychischen Leiden, aber wir sollten uns wieder als die Handlanger verstehen lernen, statt den magischen Zauberer spielen zu wollen!

Oh, die Mittagsstunde neigt sich, der nächste Patient naht!

Ich grüße Sie, liebe junge Freundin, und bin sehr gespannt auf ihre Antwort.

Christa Meves

Graz, 22. Juli 1994

Liebe Christa Meves!

Der neu angebrochene Tag ist erst eine Stunde alt, und ich will das tiefe, friedvolle Schweigen dieser Nacht dazu verwenden, Ihren Brief nochmals zu bedenken, während die Sterne herabgrüßen vom so klaren Nachthimmel.

Unser kleines Tal erstreckt sich zu meinen Füßen; die Wiesen träumen vor sich hin im blassen Licht des sich nur hin und wieder hinter einer Wolke verbergenden Mondes, und die Bäume des Waldes recken sich wie Wächter empor zum Firmament. Das eine oder andere kleine Tier, angelockt vom murmelnden Plätschern des versonnenen Springbrunnens, mag sich raschelnd heranschleichen, im Staunen darüber, daß ein Menschenkind sich ihm zugesellt zu dieser nachtschlafenden Stunde. Welch' ein Friede!

Ihr Brief hat mir große Freude bereitet. Mit einem Schlag werden die Dinge wieder zurechtgerückt, erhält alles wieder seinen angestammten, ihm vom Schöpfer zugewiesenen Platz. Postwendend sollen Sie Antwort haben, freudige, dankende, dankbare Antwort.

Wie klar und eindeutig ist doch Ihr Bekenntnis, trotz aller Erfahrung und allen Wissens im seelischen Heilungsprozeß nur «Handlanger» zu sein, wenn Sie schreiben: «Seelische Heilung bleibt letztlich immer ein Wunder und ist durch fabelhafteste Psychotechnik nicht zu erreichen. Das Heil ist eine Tat von Jesus Christus und seinen Heiligen geblieben. Alles andere ist Illusion.»

Gewiß, der Mensch hat die Gnade empfangen, mithelfen, mitwirken zu dürfen am Werke Gottes, und uns allen sind aus diesem Grunde die verschiedensten Gaben geschenkt worden, natürliche wie übernatürliche, doch immer «zum Aufbau der ganzen Gemeinde». Wer eine Gabe egoistisch für sich behält, handelt gegen die Liebe.

Die natürlichen Geistesgaben, hineingestellt in das machtvolle Wirken des Herrn, können verwandelt werden zu ungeahnter, staunend bedankter Fruchtbarkeit. Ist es nicht auch Ihnen so ergangen? Die natürliche Gabe des Umsetzen-Könnens Seiner Botschaft in die Sprache unserer Zeit wurde verwandelnd überformt und gesegnet; was klein begann, wurde zum umfassenden Apostolat: Millionen von Büchern, tausende Vorträge, verschiedene Sprachen für zwölf verschiedene Länder haben ihren Ruf, im Gehorsam gegenüber dem Geist Gottes zu stehen, vervielfacht und so Frucht gebracht: dreißigfach, sechzigfach, ja hundertfach...

Doch neben den überformbaren natürlichen Gaben gibt es auch noch die übernatürlichen Charismen, von denen die Heilige Schrift so reichhaltiges Zeugnis gibt. Besonders im Auge habe ich hierbei die Gabe der Heilung, womit der Bezug zu Ihrem letzten Schreiben wiederhergestellt wäre.

Mir will scheinen, daß in unserer Kirche der Glaube daran verloren gegangen ist, daß ein Priester durch das Sakrament der Weihe die Vollmacht zum heilenden Wunder hat – nicht nur im übertragenen Sinn, nein: ganz real, ganz konkret, ganz unmittelbar, wenn er Glauben und Vertrauen hat, die Berge versetzen können. Wer selbst nicht daran glaubt oder glauben kann, wird von dieser machtvollen Kraft des Heiligen Geistes auch nicht angerührt und durchdrungen werden können...

Wieviel Heilung kann geschehen, Heilung seelischer, aber auch körperlicher Art!, wenn die Gläubigen und die Priester den wahren Glauben an die Gegenwart des Herrn haben, der (z.B. bei der eucharistischen Anbetung) segnend und heilend durch die Reihen schreiten möchte.

Jesus Christus ist doch derselbe, gestern, heute und in Ewigkeit! Warum meinen wir allzuleicht, dieser «Jesus im Himmel» habe mit dem «damaligen Jesus auf Erden» nichts mehr gemein – dieser Jesus, der doch so viel Erbarmen mit den Menschen hatte, die «wie Schafe sind, die keinen Hirten haben». Immer wieder, wieder und wieder berichten uns die Evangelien, daß Jesus heilte, tröstete und aufrichtete, daß er lehrte, unterwies und segnete, die Sünden vergab und die Reinheit der Seele und des Leibes schenkte, in der Vollmacht seiner göttlichen Sendung.

Immer wieder sagte er doch: «Bittet..., klopft an..., habt Vertrauen..., dankt – noch bevor ihr die erbetene Gabe erhalten habt, sagt dem Vater schon Dank!» Und es ist doch *derselbe* Jesus, der, unsichtbar für unsere Augen, gegenwärtig ist im heiligen Altarsakrament! Hätten wir doch mehr Glauben an ihn, mehr Vertrauen auf seine Allmacht, hätten wir doch eine größere, reinere Liebe: Wir könnten erleben, wie er uns verwandelt... und wie alle Berge wahrhaftig ins Meer stürzen!

Wir *dürfen* ja bitten, wir *sollen* ja bitten, wie die Kinder, aber auch so aufdringlich wie die arme Witwe im Evangelium, natürlich immer mit dem Nachsatz: «Nicht mein Wille geschehe, sondern der deine!»; aber wir sollen ihm dennoch jenes Vertrauen erweisen, das er von uns *erwartet*, ein Vertrauen, das so stark ist wie der Sturm! Erst dann ist der Boden bereitet für ein gläubig empfangenes Heilungswunder, nach dem Willen des Herrn.

Wir *erwarten* einfach viel zu wenig von Ihm, der uns doch mit seiner ganzen Fülle beschenken möchte; wir halten Ihm einen kleinen Fingerhut hin, auf daß er ihn fülle, dabei möchte er doch die ausgetrockneten Meere unserer Glaubens- und Liebeskraft füllen! Und nicht nur füllen, sondern überfluten mit seiner Gnade, denn «in reichem, vollem, in überfließendem Maße wird euch gegeben werden», *wenn ihr glaubt!*

Ich bin schon gespannt, wie Sie diese Fragen um Heil, Heilung und Wunder sehen, erleben Sie sie doch gewiß immer wieder in der tagtäglichen Arbeit, in staunender Dankbarkeit vor solchem *auch heute gegenwärtigen* Wirken des Herrn!

Schluß für heute. Der Mond ist dabei, sich zu verbergen, und die Luft wird schwer vom fallenden Tau dieser Nacht. Ich grüße zu Ihnen ins ferne Deutschland hinüber und wünsche eine gesegnete Nacht!

Ihre Andrea

Uelzen, den 22. Juli 1994

Liebe Andrea,

ich gebe zu: Ein wenig unruhig-ungeduldig hatte ich auf Ihre Antwort gewartet; denn wie oft habe ich das in Beziehungen zu Menschen erlebt: Daß da ein Schwingen im Gleichklang ist, Freude, Liebe, Offenheit dem anderen entgegenströmen – und dann ist da plötzlich doch etwas Fremdes, Unvereinbares in der Reaktion, das Distanzierung signalisiert und abnötigt... Um so größer war mein Glück über den Brief heute morgen; denn wir sind ja bei einem heiklen Thema angelangt: der Wunderkraft des gegenwärtigen Herrn!

Ich habe da sehr ähnliche Erfahrungen gemacht wie Sie: Sie wird für uns Heutige nicht etwa nur in Frage gestellt, nein, sie wird, oft sogar von Insidern der Kirche, abgestritten. Kürzlich las ich in einem theologischen Buch, daß die Apostel allein noch hätten Wunder wirken dürfen, damit die Verbreitung des Christentums auf diese Weise wirkungsvoll hätte voranschreiten können, und ein Pfarrer sagte in einer Predigt, daß die Heilungen, sogar diejenigen des Herrn, symbolisch zu verstehen seien: Vom Aussatz frei werden = seelisch-geistig rein werden, von der Erblindung geheilt werden = ein-sichtig werden etc.; gewiß, das ist in dieser Aussage inbegriffen.

Aber Aussagen wie die eben beschriebenen basieren doch auf einer Glaubensschwäche! Darüber hinaus: Indem Christi Macht, Wunder zu tun, abgestritten wird, mindert eine solche Einstellung die Glaubenskraft bei den Zweifelnden und Suchenden, denen sie mitgeteilt wird; es entsteht eine Korrelation: Je schwächer der

Glaube, um so weniger kann es die Erfahrung echter, erbetener Wunder geben! Denn damit Christus wundermächtig eingreifen kann, ist Glaube an seine Gegenwart und seine Heilsmacht nötig! Er, *dieser* Glaube, ist die unabdingbare Voraussetzung dafür, daß Wunder geschehen können!

«Hättet ihr nur Glaubensstärke von der Größe eines Senfkorns», sagt Christus, «so könntet ihr Berge versetzen!» Im Grunde heißt das: Im Geist des Menschen muß als Vorbereitung und Vorbedingung so etwas wie eine Öffnung des Herzens stattgefunden haben, ein Sich-Aufbereiten, damit die Gnadengaben des Herrn in unsere irdische Sphäre einschießen können.

Auf die Notwendigkeit einer solchen Bereitung weist Christus mit vielen verschiedenen Worten hin, von der zu öffnenden Tür bis zum Wieder-geboren-Werden; aber am intensivsten durch das heilige Mahl, wo schließlich während der Eucharistie die Bereitung zur Kommunion ihren notwendigen, feierlich-ritualisierten Platz erhält. Aber sie darf gewiß nicht nur formalistisch geschehen! Das Herz muß schwingen, lodern, ja hinzittern auf den heiligen Kontakt zu! Zwar gelingt das nicht immer. Aber es bedarf eben dieses Vorgangs des tief gläubigen Hinsehnens! «Meine Seele verlanget und sehnet sich nach den Vorhöfen des Herrn», singt der Psalmist.

Und noch etwas ist nötig, was Sie, Andrea, ja auch bereits in Ihrem Brief andeuten: Beharrlichkeit, Geduld, Demut des Wartens, das Wissen darum, kein Recht auf Anhörung und Wunscherfüllung zu haben, statt eines unangemessenen Forderns nach Sofortbefriedigung!

Das sind gewiß keine selbstverständlichen Bedingungen, aber ohne sie geschehen deshalb eben keine Wunder. Ohne eine heiligmäßige Haltung ist da gar nichts zu machen. Aber es ist grundsätzlich unangemessen zu meinen, es gäbe keine von Christus erwirkten Wunder für uns Heutige mehr!

Kürzlich durfte ich an einer Veranstaltung teilnehmen, auf der der thüringische Justizminister Heitmann einen Vortrag hielt, und er sagte (sinngemäß): «Wieviel zweifelnde Gedanken haben wir uns als Theologiestudenten über Christi Wundertätigkeit gemacht. Aber je brutaler das System wurde, um so intensiver haben wir um Erlösung gebetet. Und dann geschah es: Wie von den Posaunen die Stadt Jericho, so fiel die Mauer von Berlin, so fiel diese schreckliche Diktatur. Niemand von uns kann nun noch daran zweifeln: Wir haben ein Wunder erlebt!»

Es erscheint mir immer neu irritierend, mit wieviel uneinsichtigem Eifer manche moderne Theologen den nicht erlahmenden Versuch machen, die Wunder des Evangeliums so lange zu kneten, bis sie meinen, sie mit dem Erkenntnisstand unserer Naturwissenschaften ein wenig in Einklang gebracht zu haben. Dabei merken sie meist nicht, daß sie an der zentralen Aussage des Evangeliums Abstriche zu machen suchen.

Aber gerade dies ist doch die geoffenbarte Wahrheit des Evangeliums: Gott ist der absolute Alleinherrscher des gesamten Kosmos und infolgedessen ganz gewiß der Herr über jedes Naturgesetz! Er ist der Über-Natürliche; er ist Liebe.

Er beschenkt durch sich, durch diese Seine Liebe mit Freiheit, mit Befreiung von der Fesselung unserer irdischen Existenz an die Natur. «Dies hat er alles uns getan, Sein' groß' Lieb' zu zeigen an», durch das Wunderleben des inkarnierten göttlichen Sohnes. Warum ist es für die

Moderne so schwer, diese in sich heilsame Botschaft anzunehmen?

Ich habe in meiner psychotherapeutischen Praxis viele Wunder erlebt, wunderbare Ausnahmen von dem so sehr häufigen Tatbestand: Daß Beschädigung da ist von Anbeginn an, ein tief eingeprägtes, fast automatisch immer neu inadäquat einsetzendes Fehlverhalten. Darüber können wir Therapeuten aufklären, wir können Hilfen geben, damit umgehen zu lernen. Und wenn das gelingt, eben dieses Durchbrechen des Automatismus mit dem so fatalen Außer-Kraft-gesetzt-Werden der Vernunft, dann ist das schon ein respektabler Erfolg.

Wir können das falsch programmierte Gehirn nicht durch psychologischen Sachverstand reparieren. Wir können kaputtes Hirn nicht heilmachen. Aber wir können unseren *Gott* bitten, das zu tun, wir können die Mutter des Herrn um Fürbitte bei ihrem heilmächtigen Sohn bitten...

Ich habe freilich auch erlebt, daß das überhaupt nicht half, daß langes Mühen, daß therapeutische Sisyphusarbeit zu nur mäßigem oder auch gar keinem Erfolg führte. Aber ich habe auch erlebt, daß alles Übliche, alle negativen Prognosen, durchbrochen wurden, ausblieben, daß der Kranke wie ein Phönix aus der Asche sich zu kraftvollem Flug ins Leben erhob.

Ich habe die Erfahrung gemacht, daß in diesen Fällen meist die Voraussetzungen zum Wunder, von denen ich sprach, vorhanden waren: Daß der Patient selbst (bzw. falls es sich um ein Kind handelte, daß seine Eltern) vom Glaubenssturm erfaßt worden waren, daß es also so etwas gab wie ein korrespondierendes Gebet (natürlich nicht während der Praxis, sondern im stillen Kämmerlein oder während der Heiligen Messe) *für* den Patienten und *von* ihm selbst mit der Bitte um Heilung zu Gott hinauf.

Sie betonen so richtig, Andrea, daß niemals der Zusatz (bzw. das verbale Vorzeichen) fehlen darf: «Nicht mein Wille, sondern dein Wille geschehe!» Ich scheue aber zurück vor Bitten um Befreiung von Gegebenheiten, die uns Menschen nun einmal als Notwendigkeit verordnet sind, so z.B. Bitten um Befreiung vom Sterben und Tod alter Menschen. Gott will, daß jeder von uns durch dieses Tor geht; wir können nicht erwarten, daß er uns davon dispensiert. Nicht einmal auf die Bitte seines Sohnes hin hat er mit der Befreiung von diesem seinem qualvollen Ende antworten können. Es mußte um der Liebe willen sein, und so gehören die Leiden des Sterbens selbst der Heiligen in die Geburtswehen der Verwandlung zum eigentlichen Leben.

Sie haben so recht, Andrea, wenn Sie auf die doch real bestehende Vollmacht des die Hostie austeilenden Priesters verweisen! Vermutlich werden viele der Wunder, die hier geschehen, ihm gar nicht berichtet, bzw. von jenen, an denen es geschieht, als ein solches gar nicht erkannt, sondern dem Arzt, dem Psychotherapeuten oder dem Von-allein-Heilen zugewiesen!

Und es wäre sicher besser, junge Priesteramtskandidaten auf solche Möglichkeiten zu verweisen, statt sie mit theologischen Schriften zu konfrontieren, in denen die Wundermacht Gottes wegsymbolisiert und wegrationalisiert wird. Freie Bahn brauchen wir für die Vollmacht des Priesters statt seiner Gleichsetzung mit dem Laien in einer «demokratisierten» Kirche. Aber unter derlei Tendenzen leidet man doch wohl noch nicht im gut katholischen Graz, oder doch? Darüber würde ich gern einiges erfahren!

Liebe Andrea, der Brief ist lang geworden. Ich sitze im abendlichen Garten, «vom sinkenden Gestirn erhellt», wie Gottfried Keller dichtete. Um mich stehen die Erlen, die Eschen, die Nußbäume mit ihren ausgebreiteten, hingebreiteten Armen im rotschimmernden Licht, ein Vorbild der Hingabe und Aufnahmebereitschaft. Und wie sich die Erwartung erfüllt, wenn der sanfte Wind in sie hineinfährt und jedes Blättlein bewegt – von IHM erfaßt!

Es ist doch so einfach zu glauben, ja, zu wissen!
Ich freue mich auf Ihren nächsten Brief und grüße Sie herzlich!

Ihre Christa Meves

Graz, am 23. Juli 1994

Liebe Christa Meves!

Wie verblüffend, daß wir aneinander so ähnliche Erfahrungen machen! Ja, mir ging es ebenso wie Ihnen, nachdem ich Ihnen meinen letzten Brief durchgefaxt hatte. *Daß* die Antwort sehr schnell kommen würde, davon war ich überzeugt (und ich stand auch am Nachmittag des öfteren vor meinem Faxgerät, mit der stummen Bitte, es möge diese Antwort bald «ausspucken»...), aber obwohl ich doch durch Ihre Bücher um Ihre innere (und äußere!) Haltung weiß, blieb ein gewisses Gefühl der Bangigkeit, was *genau* jetzt denn wirklich als Antwort zurückkommen würde... Ihr Brief war mir dann die Krönung eines langen, heißen Tages; danke dafür, vielen Dank!

So, Sie möchten also einiges aus dem «gut katholischen Graz» hören? Nun, wenn auch die Situation allein schon durch unsere Lage ein bißchen anders sein mag als die Ihrer Diaspora-Gemeinde, so scheinen doch andererseits die Probleme auch wieder ähnlich. Unseren sehr volksnah-populären Bischof, der von den Medien als eher liberal eingestuft wird, kennen Sie ja bereits; da brauche ich also nicht viel zu erzählen.

Was unsere rund gerechnet ca. 400 Pfarreien betrifft, so muß gesagt werden, daß schon ca. ein Viertel davon priesterlos sind und von anderen Pfarreien aus mitbetreut werden müssen. Wie lange das bei der doch großen Überalterung des steirischen Diözesanklerus noch möglich sein wird, bleibe dahingestellt.

In Graz selbst können wir Gläubigen über Priestermangel im eigentlichen Sinn noch nicht klagen, wenn auch die Priester zu einem hohen Prozentsatz überbeansprucht sind. An Wochentagen z.B. kann ich zwischen 17, an Sonntagen zwischen 23 über den Tag verteilten Heiligen Messen in den verschiedenen umliegenden Kirchen wählen, die alle zu Fuß in maximal zehn Minuten erreichbar sind. (In ganz Graz gibt es am Sonntag ca. 90 Heilige Messen, die Vorabendmessen am Samstag dabei aber nicht mitgerechnet...) Das ist gewiß etwas, was man im hohen Norden nicht so erleben kann, oder doch?

Was die Verkündigung betrifft, so gibt es ganz wunderbare, vom Zeitgeist und dem Mitläufertum der Moderne noch nicht angekränkelte Priester, aber ich habe ehrlich gesagt auch andere Dinge erlebt, über die im Detail den Mantel des Schweigens zu breiten wohl das beste wäre.

Da wird munter vor sich hin theologisiert und das Christentum seiner ureigensten Aussagen entblößt: Nein, die Auferstehung ist natürlich nicht so passiert, wie die Evangelien sie schildern; die Jünger hatten bloß die innere Überzeugung, daß nun «alles gut und Jesus beim Vater sei».

Sichtbare Himmelfahrt des auferstandenen Herrn? Also bitte, wir leben im 20. Jahrhundert! Das alles gibt es natürlich nur im übertragenen Sinn.

Wunder? Na, wer wird denn gleich so einseitig-naiv sein! Die Brotvermehrung z.B.: Natürlich hat Jesus kein Essen «herbeigezaubert»; das Wunder besteht darin, daß Seine Botschaft die Herzen der Menschen so bewegte, daß sie bereit waren, die mitgebrachte Jause miteinander zu teilen. Und ist ein solches Anrühren der Herzen nicht ein viel größeres Wunder als jegliche Brot-Vervielfältigung? (Was für eine Schein-Logik!)

Es wird «aufgeklärt» hingewiesen auf die alles erklärenden literarischen Gattungen; man müsse des weiteren der Tatsache Rechnung tragen, daß die Evangelien Verkündigungsschriften seien, keine historisch-exakten Ausführungen (was ja alles bis zu einem gewissen Grad auch stimmen mag). Was Fragen der Moraltheologie oder des päpstlichen Lehramtes betrifft, gibt es jede Menge «Mutiger», die darüber zwar sprechen, aber nur, um sich davon zu distanzieren. (Diese römische Linie ist auch wirklich zu lebensfremd; Rom sollte *angemessener* auf die Nöte der Zeit eingehen...)

Der Herausgeber von «Kirche Intern», der Priester Rudolf Schermann in Wien, hat sogar offen zum Gebet dafür aufgerufen, daß das jetzige «Alptraum-Pontifikat» des so ungeheuren Schaden anrichtenden und so viele Brücken zerstörenden Karol Wojtyla alsbald ein Ende nehmen möge... Das tut weh!

Genug davon. Ich will hier kein zu einseitiges Bild zeichnen von den Zuständen bei uns. Es gibt auch, ich sage es nochmals, ganz wunderbare, treue und felsenfest glaubende Priester. Zwar wird ihnen, sogar von den eigenen Glaubensbrüdern, die Etikette «fromm» verpaßt («fromm» im Sinne von veraltet, lebensfremd, nicht weltoffen, «den pastoralen Bedürfnissen der heutigen Zeit» nicht entsprechend etc.), zwar haben sie unter ihren Amtsbrüdern einen oft *sehr* schweren Stand, aber sie halten es dennoch mit dem Spruch: «Sei ein lebendiger Fisch! Nur tote Fische schwimmen *mit* dem Strom!»

Ist Ihre Frage damit ausreichend beantwortet? So viele andere Probleme – «Taufscheinchristen», Zusammensetzung und (Alters-)Struktur der Gläubigen, Kirchenaustritte etc. teilen wir uns ja im deutschsprachigen Raum; darauf muß ich nicht eingehen.

Ich möchte Ihnen heute eine andere Frage vorlegen, die aber durchaus in Zusammenhang mit unserer Thematik des Heilwerdens und des Wunders steht, und zwar die Frage um den Themenkomplex Buße und Beichte.

Hierzulande sprechen wir gerne und viel von der Tatsache des «Verschwindens des Bußsakraments». Während die einen von «mangelndem Sündenbewußtsein» und vom bloß noch auf den menschlichen Standpunkt reduzierten und so beurteilten Fehlverhalten sprechen, zetern die anderen gegen die «Unangemessenheit» eines solchen Sakraments in der heutigen Zeit (und überhaupt). (Das fand einen Höhepunkt bei der Ars Electronica, wo eine blasphemische «Beichtmaschine für Katholiken» vorgestellt wurde. Die Sünden müssen in einen Computer eingegeben werden, die Lossprechung erfolgt elektronisch, die Buße wird dem Beichtenden auf Zettelchen ausgedruckt...).

Dem Jansenismus und verschiedenen anderen rigiden Strömungen wird die Schuld dafür in die Schuhe geschoben, die Menschen zur öfteren Beichte quasi gezwungen zu haben, um sie nur ja unter dem geistlichen Machtmonopol der Kirche halten zu können...

Leider, ja wirklich leid-er (wir sollten alle miteinander *leiden* daran!) konnte es geschehen, daß die heilige Beichte sich zu oft als «Gang zum Richter» in die Köpfe der Menschen eingenistet hat, und weniger als ein, ich möchte es einmal so sagen, «Gang zum Arzt», der Heilung und neues Leben vermittelt.

Wenn Jesus verkündet: «Selig, die reinen Herzens sind!», dann will Er uns doch in die Pflicht nehmen, um unserer selbst willen auch in unserem Herzen Reinheit und Ordnung zu schaffen. *Ganz* wird uns das nie gelingen, wir werden uns immer auch ein Rätsel bleiben; wir werden spüren, daß in uns Kräfte auftauchen, die uns Angst machen, es wird Unklarheiten geben... Aber bei alledem dürfen wir doch wissen, spüren, erfahren: «Herr, du kennst mich! Du verstehst mich..., auch wenn ich mich selbst nicht mehr verstehe. – ‹Du bist vertraut mit meinem Leben› (Ps 139), in *allen* seinen Ausprägungen, mit den Licht- und den Schattenseiten!»

Auch das ist Erlösung, auch das gehört zur Frohen Botschaft: daß Buße als die ernste Seite unseres Glaubens bedeutet, sich in Entschlossenheit der Wahrheit zu stellen – nicht aus eigener Kraft, sondern in der Kraft der helfenden Gnade Gottes!

Sünde ist doch immer eine Störung von Beziehung: Beziehung zu Gott, Beziehung zu den Mitmenschen, Beziehung zu mir selbst.

Der sozialistische Ansatz der Weltveränderung geht davon aus, daß man die Welt verändern könne durch Änderung der gesellschaftlichen Strukturen. Wenn die Verhältnisse stimmen, die Strukturen in Ordnung gebracht werden, die richtigen Programme laufen usw., dann wird die Welt heil. Christus geht ganz anders vor: Erlösung der Welt muß drinnen anfangen, in meinem eigenen Herzen!

Die christliche Buße lebt auch vom Glauben: Dort, wo ich Buße tue und in der Gnade Gottes den Frieden suche (Frieden mit Gott, mit den Menschen und mit mir selbst), dort geschieht ein Stück Erlösung, dort wird die Welt ein

Stück heiler! Ist das nicht eine enorme Verantwortung, diesen Beitrag zu leisten, daß die Welt *erlöster* wird und ein neues Antlitz erhält? Und wie gehen wir damit um...!

Das Bußsakrament ist für mich auch das stets neue Angebot des Herrn, ganz in mein Leben hineinzuschreiten. Er hält mir gleichsam seine verklärten Wunden hin und sagt: «Schau, du bist auch verwundet, deine Seele blutet, aber Ich kann auch deine Wunden verwandeln, auf daß sie leuchten!»

Die heilige Beichte bedeutet ja nicht, daß ich davon dispensiert bin, mich mit mir selbst auseinanderzusetzen und selbst den Weg der Besserung zu gehen, aber es bedeutet, daß der Herr für mich eben das ist, was Johannes uns sagt: «Seht, das Lamm Gottes, es nimmt hinweg die Sünde der Welt!» Wir können unsere Sünde nicht einfach abschütteln, aber wir können sie uns *nehmen* lassen von Ihm!

Daher sind Buße und Beichte für mich niemals Ausdruck der Lebens*verneinung*, sondern immer Kundtun der Lebens*bejahung*. Gewissenserforschung führt zu Selbsterkenntnis, Selbsterkenntnis führt zum Gebet, das Gebet führt mich zu «Ihm, den meine Seele liebt». Ist es nicht wunderbar und einzigartig schön, daß es jemanden gibt, der uns so *durch und durch* kennt und uns dennoch *so* sehr, so *unendlich* liebt? So sehr, daß er sich nicht scheut, für uns «durchs Feuer zu gehen» in der Passion?

Christsein heißt für mich nicht, in trauriger, lebensverneinender Askese herumzulaufen, sondern es heißt: darum zu wissen, was ich Gott wert bin. Ein Christ ist einer, der weiß um die Berufung und Würde des Menschen...! Magnificat anima mea Dominum![1]

Nun will ich Schluß machen. Die Nacht ist ins Morgengrauen und den beginnenden Tag übergegangen, die Frühmesse wird bald beginnen, und ich will mich vorbereiten auf die Begegnung mit dem Herrn: im Sakrament der Beichte und im Sakrament der heiligen Eucharistie. Ich freue mich *sehr* auf Ihre Antwort!
Herzlichst!

Andrea

Uelzen, den 23. Juli 1994

Liebe Andrea!

Da klagen wir über den Fluch der Technik, und Warnung vor Mißbrauch und Übertreibung ist sicher auch geboten, aber welchen Genuß vermittelt sie uns doch auch: Auf meinen Brief von gestern abend heute morgen um neun Uhr eine vierseitige, blitzsaubere Computer-Antwort in der Hand zu haben (2 x 1500 km hin und zurück), das ist doch einfach großartig, wobei ich mir natürlich klar bin, daß das Faxgerät dabei nur eine Unterstützung der beglückenden Schnelligkeit darstellt; denn das ganz Wesentliche bei diesem Vorgang ist ja nicht die Technik, sondern Ihr blitzschneller, liebevoll eifriger Geist, meine Andrea!

Freilich kommen mir da auch trivial großmütterliche Gedanken: Wie viele Stunden hat denn das Kind nun eigentlich geschlafen?

Diese Vollmondnacht zum 23. Juli gehört ja zu den herrlichen «weißen Nächten», die Ricarda Huch so bezeichnete, weil das Licht gar nicht vollständig schwindet, eben weil die Sonne es bei einer sehr verkürzten Nachtmeerfahrt beläßt; spätestens morgens um vier Uhr kündigt sie sich bereits wieder an... Ja, ich finde diese Nächte auch viel zu schade zum Schlafen und sperrte gestern nacht selbst den Mond, der, von einem wunderbaren Schleier umgeben, voll in der Balkontür stand, schließlich mit Bedauern aus – und dennoch hoffe ich, daß Ihr Verweisen auf nächtliches Erleben kein Zeichen von überstrenger Askese ist? Ich sage das nicht ganz ohne Grund. Zwar braucht der junge Mensch nach meiner

Erfahrung meist weniger Schlaf als der ältere; aber ich halte chronische, willentlich hervorgerufene Übermüdung nicht für gottgefällig. Hier bin ich im Dissens mit den Gepflogenheiten der Orden.

Vermutlich trage ich mit dieser großmütterlich gefärbten Rede bei Ihnen Eulen nach Athen, Andrea. Sie sahen glücklicherweise auch nicht übernächtigt aus, als sie mich besuchten; aber ich muß meine Abneigung gegen Impulse, sich den Schlaf zu verkneifen, doch noch etwas näher begründen: Ich meine, daß es zum Gottesgehorsam gehört, sich seiner Ordnung zu fügen und sich in sie einzubinden. Der Mensch gehört zu den Tag-Tieren mit den Sonnenaugen; auf das Tun am Tag ist er vorgebildet. Der Nachtschlaf soll ihn dafür erholen. Das Blut füllt sich dazu mit dem nötigen Eisenvorrat auf. Nachteulen fallen deshalb nach einiger Zeit des Schlafdefizits durch Blässe auf: Das Blut leidet unter Eisenmangel. Das aber schwächt sowohl die körperliche wie auch die geistige Kraft, macht anfällig für Infektionen und mindert die Leistungskraft, jene Kraft, von der Gott hofft, daß wir sie für ihn einsetzen, nicht nur kurzfristig, wie die armen Nonnen oft, um dann bereits als junge Mädchen an Tuberkulose zu sterben, sondern so lange, so fruchtbar wie möglich.

Ich komme auf diese Epistel aus zwei Gründen: erstens, weil ich hier gerade bei meinen frommen jugendlichen Patienten immer wieder ein gefährliches Mißverständnis dieser Art ausräumen muß, und zweitens, weil mich die dahinter aufleuchtende Erkenntnis mit Freude erfüllt: Gott ist kein Feind der Natur. Er ist ihr Schöpfer. Er hat überall lange und tiefgreifend Basis geschaffen in seinem großen Kunstwerk Erde, und er schafft auch im einzelnen Menschenleben lange und fundamental Basis, kreatürliches Wachstum und, damit korrelierend natürlich, seelische Entwicklung. Er stattet uns Menschen aus mit dem Rüstzeug für die Möglichkeit, sich schließlich vom Kreatürlichen zu lösen und zu Ihm heimzukehren. Aber Er will ganz gewiß (an den Früchten läßt sich das erkennen!), daß wir unsere Basis zeitlebens beachten, ja pflegen, damit sie ihre Funktion erfüllen kann.

Übertriebene Askese in jungen Jahren ist von dieser Warte her ein Irrtum, ja, unter Umständen sogar Hochmut, weil er unserem Leib und seinen Bedürfnissen, diesem Kunstwerk Gottes, nicht die Ehre gibt, die ihm gebührt. Natürlich heißt das nicht, daß wir uns dem «Fleisch» verschreiben und ihm verfallen sollen! Auch das ist gewiß Sackgasse, die den Armen fesselt und ihm seine Freiheit raubt; aber die Leibfeindlichkeit ist ebenso schädlich, weil wir unsere Kraft in Bestform einsetzen sollen, statt sie zu mindern.

Oh, nun bin ich immer noch nicht bei dem Thema angelangt, das Sie heute früh anschnitten und das mich sehr bewegt; aber das liegt daran, daß ich zur Zeit gerade intensiv mit den Problemen einer Patientin beschäftigt bin, die ihre Wut auf eine verhaßte Ausbildung durch Sühnen ihrer Aggressionen mit Schlafentzug auszugleichen sucht und sich vormacht, das sei eine fromme Leistung. In Wirklichkeit aber steckt dahinter die Hoffnung, durch Arbeitsunfähigkeit die ganze elende Plakkerei loszuwerden! So entstehen ziemlich rasch die durchschaubaren Leiden an lebensnotwendigen Selbsttäuschungen!

Inzwischen habe ich meinen halbseitig gelähmten Mann versorgt und zur mittäglichen Ruhe gebettet. Nun bin ich rasch wieder zu meinem Schattenplatz am Fluß geeilt.

Reglos steht der Erlenwald unter dem Ansturm brütender Hitze; aber mir schenkt er schützenden Schatten! Alle Welt bedauert mich, daß die Erkrankung meines Mannes mich seit zwei Jahren ans Haus fesselt – könnte man nur ermessen, welch eine lustvolle Gnade das für mich ist! Jetzt darf es Stille geben wie an diesem Wochenende, mit Zeit: zum Hinauflauschen, zum Anbeten, zum Schreiben!

Also auf zu den Themen Ihres lieben Briefes von heute morgen. Ihre Grazer Situation bekam für mich einen geradezu leuchtenden Schwerpunkt: über 90 Heilige Messen an jedem x-beliebigen Sonntag! Was für ein Reichtum! Was für eine Auswahl! Und wenn Sie dazu mit einigen treffenden Pinselstrichen die Auswüchse skizzieren, so ergibt sich der Eindruck, es wird der heiligen Kirche in Österreich schließlich doch so geschehen wie der Ente vor mir auf dem Fluß, die meine Aufmerksamkeit dadurch auf sich zieht, daß sie mit langanhaltendem kräftigen Schlagen der Flügel auf die Wasseroberfläche und ebenso energischem Federrupfen all die Blattläuse aus ihrem Gefieder treibt, die sich dort einzunisten gedachten.

Gewiß, so verrät Ihre Schilderung, Säuberung von Häresie ist auch in Graz bereits angezeigt; aber wo Messe in heiliger Ursprünglichkeit existiert, da wird es auch an Kraft gegen die Läuse im Pelz nicht mangeln. Freilich meine ich auch, und meine Ente macht es mir mit einer ausgerupften schönen silberweißen Feder gerade vor, so ein wenig energisches Federlesen täte bei bedrohlichen Auswüchsen durchaus gut. Christus hat die Seinen dazu ermuntert (im Gleichnis vom auszureißenden Auge, mit dem Rat zum Kontaktabbruch im Umgang mit Unwilligen, mit der Mühlsteindrohung u.a.). Auch der Leib

Christi muß von Ungeziefer freigehalten werden, durch wachsame Wächter!

Besonders gefährlich erscheint mir in Deutschland die häretische Tendenz zur «Demokratisierung der Kirche», wobei der durchschlagende Priestermangel als Argument benutzt wird, um das ganze Unternehmen zu einem Laientheater umzufunktionieren. Da treten dann in den Pfarrgemeinderäten die neunmalklugen Besserwisser auf, die Lust verspüren, den Luther des 20. Jahrhunderts zu spielen, statt sich erst einmal darüber zu informieren, woran denn eigentlich das Luthertum gescheitert ist.

Aber im Grunde geht es selten um einen konstruktiv tiefgreifenden reformatorischen Willen, sondern allein um den zur Machtanmaßung. Diese aber ist nur durch echte Auctoritas außer Kraft zu setzen. Das allein schon legitimiert die katholische Hierarchie mit ihrer erheblichen Machtfülle der Bischöfe. Sie sollten sich von den Medien ihr Amt auf gar keinen Fall verleiden lassen, und sie sollten es vermeiden, aus Furcht, an den Medienpranger gestellt zu werden, sie in Mißbrauchsfällen gar nicht erst einzusetzen.

Eine weltliche Tragödie kann als abschreckendes Beispiel dienen: Was ist aus dem heiligen Mütterchen Rußland geworden, nachdem der Zar den Anfängen der Bolschewiki nicht energisch entgegengetreten war, wie hat die Machtanmaßung der Entmächtiger dieses Reich zerstört!

Liebe Andrea, es drängt mich, Ihren Gedanken zur Beichte nachzugehen! Sie sind so fundamental, so richtig, so klug. Ich stimme Ihnen vollständig zu; aber damit die Lossprechung auch wirklich Lösung, Er-Lösung sein kann, brauchen die Beichtenden wissende Überzeugung über die von Christus delegierte Vollmacht im wahrsten Sinne dieses Wortes. Das Bußsakrament dürfte nicht in der Weise, wie es heute eingerissen ist, ins Hintertreffen geraten; aber das ist vor allem eine Sache des Religions- und Firmunterrichts. Inwiefern Heilwerden ganz real erwirkt werden kann, das muß erst einmal vermittelt werden, so daß es im Bewußtsein ist, bevor man die Kinder in die Beichtstühle schickt und sie womöglich dort mit einem ihnen nicht löschbar scheinenden Schuldkomplex versieht.

Ach ja, und da sind wir nun bei einem Thema, das uns beide sehr bewegt und wozu Sie mir mit fachlicher Kompetenz noch guten Rat für meine Jugendlichen in der Praxis geben können!

Ich grüße Sie mit dem Gesang eines Buchfinken aus der Birkenkrone!

Ihre Christa Meves

Graz, am 24. Juli 1994

Liebe Christa Meves!

Es ist ein strahlender Sonntagmorgen, und endlich darf ich mich daran machen, Ihren gestrigen lieben Brief zu beantworten. Oh ja, ich habe den behutsamen Wink von wegen «ausreichend Schlaf bekommen» sehr wohl verstanden und auch beherzigt, so daß ich gestern abend wehen Herzens darauf verzichtet habe, mich an den Schreibtisch zu setzen – auch eine Form von Askese!

So bin ich also schlafen gegangen, ohne einen Wecker zu stellen, auf daß mein Leib selbst entscheiden möge, wann er denn nun aufzuwachen gedenke... Doch kurz vor sechs war ich dann putzmunter und voller Vorfreude auf den heutigen Tag, so daß ich nach einigen genüßlichen Minuten der Dankbarkeit einfach aufstehen *mußte*. Es folgte der morgendliche Spaziergang durch die stille, sonnenbeglänzte Stadt zur Heiligen Messe... Ja, wie recht haben Sie doch, wenn Sie auf diesen geistlichen Schatz hinweisen, der uns in diesem Sakrament gegeben ist!

Nach einem behaglichen Sonntagsfrühstück, verzehrt zu den herrlichen Klängen des «Sanctus» von Marian Marciak, ist nun den leiblichen und ästhetischen Bedürfnissen Genüge getan und der Weg frei zum gedanklichen Höhenflug. Also auf zu Ihrem Brief!

Ja, die Technik... Sie erstaunt auch mich immer wieder aufs neue. Zwar bin ich, als 1969 Geborene, doch wahrhaftig mit allen technischen Raffinessen groß geworden; ich schrecke auch nicht vor ihnen zurück und weiß mit ihnen umzugehen, aber dennoch bin ich täglich neu fasziniert.

Da ist einmal die Tatsache, daß sich mein kleiner Ein-Personen-Haushalt bei vernünftiger Planung nahezu von allein erledigt. Für die Wäsche gibt es eine Waschmaschine, für das Geschirr gäbe es einen Geschirrspüler (ich sage «gäbe», da ich ihn kaum benütze; für nur eine Person zahlt sich ein solcher Energie- und Wasserverbrauch kaum aus), zum Putzen sind da jede Menge so praktischer Dinge wie Staubsauger oder Bodenaufwascher. In der Küche sorgt mit weiser Umsicht der Kühlschrank dafür, daß nichts verdirbt; ein Knopfdruck spendet mir in Sekunden das zigtausend Kilometer hergeleitete Erdgas für den Herd, und Geräte (wie z.B. ein Mixer) machen jegliches Kochen zum «Vergnügen pur». Ich finde das alles einfach herrlich!

Wie gut erinnere ich mich noch an meine Großmutter, eine 1908 Geborene, und meine Kindheit bei ihr. Oh, wir hatten auch damals schon viele Geräte, aber sie hat sie nicht oder kaum benutzt.

Waschmaschine? Nur für ganz große Wäschen. («Mit der Hand gewaschen wird sie schöner!») Geschirrspüler? – «Kommt nicht in Frage, dauert viel zu lang. Neben dem Kochen hat man genug Leerlauf, da kann man längst nebenher abwaschen!»

Staubsauger? Ja, für's erste. – «Aber so *richtig* sauber wird es auf diese Weise nicht!» Mixer? – «Keinesfalls! Der Eischnee wird mit der Hand geschlagen viel schöner, der Kuchenteig handgerührt viel besser...»

Wenn auch alle unsere Geräte in den letzten Jahren enorme Verbesserungen erfahren haben, so hat sie doch auch recht gehabt, meine Oma. Und der Kuchenteig wurde auch nie wieder so gut, seit sie fortgegangen ist und ihn nicht mehr auf ihre *besondere* Weise extra für mich macht...

Ja, die Technik. Was ist es doch auch Großes und Schönes um Dinge wie Schallplatten (bzw. alle Tonträger) und Photos! Die einen versetzen uns (entsprechend bespielt) mit Hilfe einer Handbewegung in die «himmlischen Gefilde der Musik» (mich zumindest!), die anderen können Verbindungen und Beziehungen schaffen, die früher einmal undenkbar waren.

Ich habe z.B. ein Jugendbildnis der bei seiner Geburt verstorbenen Mutter meines Vaters. Weder er noch ich konnten sie daher jemals kennenlernen, aber dieses Bild vermittelt mir etwas von ihr, der ich recht ähnlich sehe, und ich halte es hoch in Ehren. Jetzt bin ich 25; in zwei Jahren werde ich also älter sein, als meine Großmutter je wurde, sie, die in sieben Jahren sieben Kinder gebar und eine solche Menge Nachfahren hat. Welch seltsamer Gedanke!

Nun muß ich aber doch geschwind noch auf das Schlafen eingehen, bevor ich zum eigentlichen Hauptthema Ihres Briefes komme, der christlichen Askese. Bitte, keine Sorge! Ich gebe zu, daß die letzte Woche eine sehr ausgefüllte war und ich ein bißchen weniger zum Schlafen kam als sonst; der Grund dafür liegt aber keinesfalls in jedwedem «asketischen Bemühen» – nicht auf diesem Gebiet, nicht auf diese Weise!

Ich gehöre offenbar zu der Kategorie Mensch, die unter (im Schnitt) sieben bis acht Stunden Nachtschlaf pro Tag längerfristig einfach nicht existieren kann. Außerdem verfügt mein Körper über ein ganzes Arsenal äußerst trickreicher Möglichkeiten, die er ohne zu zögern einsetzt, um mich darauf hinzuweisen, daß ihm etwas ganz und gar nicht paßt, daß ich die mir von Gott gegebenen Grenzen überschritten oder doch zu überschreiten versucht habe.

Ich habe oft, viel und lange darunter gelitten, körperlich und gesundheitlich nicht so robust zu sein wie meine Umgebung, bei so vielen Dingen nicht mitmachen zu können und zu dürfen, so jung mit Kranksein, intensiven Schmerzen, Operationen und Krankenhausaufenthalten mit langen Rekonvaleszenzzeiten konfrontiert zu sein (ich war ja erst zehn Jahre alt, als es begann), und ich mußte lernen, mir die Schmerzen zu verbeißen, mit meinen Grenzen zu leben, ja, in diesen Grenzen eine Aufgabe zu sehen, die es zu erfüllen galt und gilt.

Und mit Hilfe der so großartigen Medizin, Disziplin und einer vernünftigen, diesen Grenzen angemessenen Lebensführung – in der aufmerksam liebevollen Wachheit gegenüber «dem Eselchen des Herrn» (meinen Leib), das zwar sorgsam gepflegt, aber nicht verhätschelt sein will –, ist das alles heute kein wirkliches Problem mehr für mich, trotz mancher Schmerzattacken. Wir müssen eben tragen, was uns gegeben ist.

Und doch, wie sehr verstehe ich Ihre junge Patientin, von der Sie mir schrieben! Ich habe selbst so viele Jahre ringen müssen um eine ausgewogene Haltung in bezug auf Askese, auch in bezug auf falsch verstandene Askese, daß mir diese Probleme urvertraut sind, habe ich sie doch jahrelang beobachten können: an mir nahestehenden Menschen und an mir selbst.

Gerne will ich Ihnen einige Gedanken zu diesem Thema darlegen, das für mich mit dem «realen Erwirken des Heilwerdens» aufs engste verknüpft ist; denn das muß gewiß besonders jungen Menschen vermittelt werden, wie Sie so richtig anmahnen. Das folgende wird also vermutlich ein Mittelding zwischen meiner Erfahrung auf diesem Gebiet (ich habe übrigens in diesem Zusammenhang auch eine Diplomarbeit über die «Psychologie des Ordenslebens» geschrieben) und einer sehr persönlichen Beichte darstellen... Aber es geht mir ja immer so, wenn ich Ihnen schreibe: Da ist ein Fließen, Strömen, Auf-Sie-Hinströmen, doch ich will versuchen, diesen Gedankenstrom in Zucht zu nehmen und in geordneten Bahnen darzulegen.

Die christliche Askese also. Wie die Buße gehört sie in ihrer gesunden Form für mich ganz zur *Froh*botschaft des Christentums. Der oberste Grundsatz richtig verstandener Askese muß dabei aber lauten: Abzutöten (Ihnen gegenüber wage ich, dieses etwas veraltete, mit negativen Assoziationen belastete und daher leicht fehlinterpretierte Wort zu verwenden), abzutöten sind nicht die Lebenstriebe, die Lebensantriebe, sondern die ungeordnete Macht dieser Triebe, die seit der Wirklichkeit der Erbsünde in uns lauert.

Denn was ist denn damals beim Sündenfall geschehen? Durch die Aufkündigung der Communio, der innigen Gemeinschaft mit Gott, kam auch der Mensch *in sich selbst* in Unordnung; die Harmonie im Miteinander der Menschen wurde grundsätzlich gestört: Kain und Abel...

Durch die Erbsünde also sind unsere Triebe, die gut, notwendig und wichtig im Dienste der Selbstbewahrung des Menschen sind, geprägt worden von einer Maßlosigkeit, so daß sie zerstörerisch auf das leibliche Wohl und das sittliche Gefüge wirken und auch das übernatürliche Heil gefährden *können*. (Ich betone *können*, denn dieses Wort lassen viele der frommen Jugendlichen weg, so daß sie durch die Meinung, alle Lebenstriebe seien *von vornherein* schlecht, auf ein falsches Gleis der Askese geraten.)

Durch Askese sollte also unser ganzes Seelenleben mit sämtlichen Affekten ins Gleichgewicht kommen: *Niemals* darf es das Ziel christlicher Askese sein, Triebunterdrückung und Empfindungslosigkeit anzustreben; das wäre der Tugend ebenso entgegengesetzt wie die Maß- und Zuchtlosigkeit. Es gibt nichts Schlimmeres als einen religiösen Menschen, der keine spontane Antriebsfähigkeit mehr hat, dessen Persönlichkeit keine Energie, keine Spontaneität, keine Freude ausstrahlt.

Ein wahrhaft asketischer Mensch, der sich darum müht, mit dem Verstand das ungeordnete Verlangen seiner Triebe zu durchschauen und dabei die Anstrengung des Willens auf sich nimmt, sich gegen dieses unrechte Begehren durchzusetzen, ein Mensch, der also nicht die Absicht hat, seine Triebe *umzubringen*, sondern lediglich, sie *in Form* zu bringen, ein Mensch also, der sich um gesunde und rechte Selbstbeherrschung bemüht, auf daß sie zu seiner grundlegenden Lebenshaltung werden möge, ein solcher Mensch gewinnt eine, wie es das Konzil formuliert, «gereinigte Freude an der Welt», eine souveräne, strahlende, innerlich leuchtende Freude, die ihm tiefes Erleben und Offenheit ermöglicht.

Das wird ja auch erwähnt in den Gebeten der Fastenzeit: «Mentem elevas: Du erhebst den Geist.» Auch Fastenzeit ist niemals eine *dunkle* Zeit; sie ist eine Zeit der Strenge, des Trainings, des Befreitwerdens zu dieser oben genannten Souveränität; sie ist gewonnene Freiheit, die Voraussetzung ist für ein gesundes geistliches Leben und wahre Liebesfähigkeit im Sich-selbst-Zurücknehmen, im Sich-selbst-Bescheiden.

Junge Menschen (ab 13/14 aufwärts) erhalten ein falsches Bild von Askese des öfteren aus der klassischen aszetischen Literatur, die uns in unserer Kirche in so wunderbar reicher Fülle geschenkt ist. Ich nehme an, daß Sie mit Ihrem Hinweis auf «junge Mädchen, die als Nonnen viel zu früh an TBC sterben», die heilige Theresia von Lisieux meinen. Gewiß war sie in ihrer Gottesliebe wie eine brennende, sich verzehrende Flamme, und ich halte sie für eine ganz große Heilige, da ich mich intensiv mit ihren Schriften auseinandergesetzt habe, die man freilich erst der blumigen Sprache ihrer Zeit ein wenig entkleiden muß, um zum eigentlichen Kern ihrer Botschaft vorzudringen. Gerade sie ist es ja, die «den kleinen Weg der Liebe» wiederentdeckt hat, den Weg der Heiligkeit in der unbedingten Treue zum unscheinbaren Alltag in allen seinen kleinen und großen Mühen.

Nun sind aber so viele Jugendliche noch nicht in der Lage, *diese* ihre Botschaft auch wirklich anzunehmen; in der so großartig-idealistischen Begeisterung ihres Glaubenseifers wollen sie vielmehr heroisch sein und bemühen sich daher, statt der Botschaft die *Lebensweise* der Heiligen (in einem strengen Karmel an der rauhen Nordatlantikküste des vorigen Jahrhunderts) nachzuahmen: Strenges Fasten, kaum Schlaf, stundenlanges Knien usw.

Und so mancher hat in diesem Alter wohl schon mit heimlichem Frohlocken über die schon nahe Heiligkeit dann in der Beichte bekennen müssen, er sei wegen zu intensiven Fastens und Betens ohnmächtig geworden – um dann aus den höchsten Höhen dieser vermeintlichen Heiligkeit durch ein Donnerwetter eines vernünftigen Priesters *sehr* gedemütigt und *sehr* unsanft wieder auf dem Boden der Realität zu landen, der da ist: «Die Gnade baut auf der Natur auf», nach dem Motto: «Gebt dem Leib, was des Leibes ist, und Gott, was Gott gebührt!»

Es ist in diesem Alter mehr als bitter (aber *so* heilsam!), sich in religiösen Dingen nicht auf den eigenen Willen, sondern auf die menschlich einfühlsame, fordernde, aber nicht *über*fordernde Führung eines guten Priesters zu verlassen. Eine solche Führung wird in jungen Jahren oft eher als ein Hemmschuh empfunden auf dem Weg der Heiligkeit, die man möglichst rasch und möglichst radikal erlangen möchte – diese Führung, die einem doch schlichtweg verbietet, so großartige Dinge, wie sie in den Büchern geschildert werden, nun auch selbst zu vollbringen.

Ich halte es daher für enorm wichtig, fromme Jugendliche immer wieder darauf hinzuweisen, daß wir zwar sehr wohl zum Heroismus berufen sind, aber zu einem, der uns *zufällt*, nicht zu einem, den wir uns nach eigenem Gutdünken aussuchen wollen (womöglich, um die eigene Eitelkeit zu befriedigen).

Es ist heutzutage mehr denn je Heroismus für die jungen Menschen, treu ihren Aufgaben nachzukommen (z.B. durch Pflichtbewußtsein in der Schule), beständig zu sein im liebevoll-freundlichen Umgang mit ihrer Umwelt (und nicht allen Launen der Unbeherrschtheit nachzugeben), gewissenhaft zu sein mit ihrem Leib (ihn nicht zu mißhandeln durch zu früh erlebte Sexualität, durch Drogen, Alkohol, Nikotin oder was auch immer) und schließlich: wachsam zu sein im Umgang mit der eigenen Seele; sie nicht zu verführen und zu erwürgen, z.B. durch Lesen oder Anschauen von Dingen, die einem schaden (siehe Porno-Videos, aber auch den massiven «normalen» TV-Konsum) usw.

Wenn mir dann unterschwellig die Empörung darüber entgegenschlägt, auf so «selbstverständlich-banale» Dinge hinzuweisen, dann sage ich meist: «Versuch's doch mal! Und erzähl mir dann ehrlich, wie es dir dabei ergangen ist!»

Was Ihre junge Patientin betrifft, so hat sie vielleicht noch nicht erlebt, wie sehr, wie unendlich geliebt sie wird, «ohn' all' Verdienst und Würdigkeit», um es mit Luthers Worten zu sagen. Durch ihr vermeintliches Sühnen, ihren Schlafentzug usw. möchte sie vielleicht – verzweifelt! – Liebe erzwingen, sie Gott (und der Umwelt?) *«abringen»*, indem sie sich «wert» machen will, sie zu empfangen.

Vielleicht kann die heilige Theresia ihr ein bißchen helfen, wenn sie sagt: «Ich erwarte mir von der Gerechtigkeit Gottes ebensoviel wie von seiner Barmherzigkeit, denn Er weiß, daß wir Staub und somit schwach sind. (...) Ich betrübe mich nicht, wenn ich, statt den Rosenkranz zu beten, vor Erschöpfung einschlafe. Vor Gott und der Madonna sind wir alle doch nichts als kleine Kinder, und Eltern lieben ihre Kinder *immer*, ob sie nun wach sind oder schlafen!»

So, nun muß ich bekennen, daß ich heute die Askese ganz und gar nicht geübt habe: Der Brief ist *viel* zu lang geworden! Darum: ein eiliger Schluß!

Herzlichst und in Dankbarkeit!

Ihre Andrea

P.S. Vielleicht ist dieses Gebet eines Soldaten eine Hilfe für Ihre Patientin?

Ich bat Gott um Kraft, um etwas zu leisten...
Ich wurde schwach,
auf daß ich in Demut gehorchen lerne.

Ich bat um Gesundheit, um Größeres zu tun...
Ich erhielt Krankheit, auf daß ich Besseres tue.

Ich bat um Reichtum, um glücklich zu werden...
Ich erhielt Armut, auf daß ich weise werde.

Ich bat um Macht, um Menschenruhm zu ernten...
Ich erhielt Schwäche, auf daß ich Gottes Hilfe suche.

Ich erbat alles, um mich des Lebens zu erfreuen...
Ich erhielt das Leben, um mich an allem zu erfreuen.

Ich bekam nichts von dem, was ich erbat...
Und doch alles, was ich erhofft hatte.

Fast gegen mein Wollen
fand unausgesprochenes Beten Erfüllung.
Unter allen Menschen bin ich sehr reich gesegnet.

Uelzen, am 24. Juli 1994

Liebe Andrea!

Ha, ein neues Fax, gerade als alle Pflichten getan waren und ich mich (zum Anbeten) in den besonnten Garten zurückziehen wollte; (denn in unserem Au-Wald, im Sommerwind, der durch die Blätter rauscht, ist Gott), und nun darf meine Antwort an Sie – wie ein Blatt an der Silberpappel – mitrauschen im sommerlichen Atemwehen! Ich freue mich über Ihren Brief und darüber, daß ich so Sonntag feiern darf!

Ehe ich nun auf Einzelheiten eingehe, muß ich aber gestehen, daß mich bei Ihren so erstaunlichen Ausführungen zur Askese etwas wie beschämter Zweifel anwehte... Ich will Ihnen das am Beispiel der beiden Rosen schildern, die unmittelbar in meinem Blickfeld vor der Hauswand erblüht sind. Da war nämlich zunächst nur eine sehr langstielige Rose, die sich aus der Rabatte mit den Knollenbegonien heraushob.

Sie hat mir in den letzten beiden Wochen viel Freude gemacht: Sie erblühte lachsrot leuchtend vor dem Dunkelgrün der Pfaffenhütchenwand. Sie stand da auf langem Stengel, immer in sanfter Bewegung, je schwerer der Blütenkelch wurde, sie hielt sich mir entgegen, und ich sog ihren süßen Duft ein, und immer wieder goß ich ihre Wurzeln, in Freude und Dankbarkeit; aber seit vorgestern zeigte sich, daß ihre Blütezeit vorbei ist, die Kelchblätter verändern ihre Farbe und bekommen Kerben an den Rändern. Wie entblößt tritt der Stempel ins Blickfeld, und als ich ihren Duft einzusaugen suchte, war nichts mehr einzufangen. Stattdessen segelten vor meinen Augen zwei der Blütenblätter auf ihr Blattwerk wie Altersträne auf ein noch schön gepflegtes Kleid. Aber nicht nur dorthin fielen sie, sondern, wie um mich aufmerksam zu machen (und zu trösten?), auf eine zweite ganz jung emporschießende Blüte, die ich bisher noch gar nicht wahrgenommen hatte. Ja, da stand sie, nickend auch diese, und war wie im Eilverfahren dabei, sich der Knospe zu entwinden, um sich zu noch herrlicherer Pracht zu entfalten. Und wie diese erst duftet!

Ähnlich wie an dieser neuen Blüte freute ich mich über Ihren letzten Brief, ja, ich staunte darüber, was da in der Enkelgeneration zum Vorschein kommt. Kann es denn möglich sein? Da taucht eine tiefe Gläubigkeit auf (in einer Welt, die unentwegt davon redet, daß in der Jugend keinerlei Gespür mehr für Transzendentes vorhanden sei), ein besonderer «Sproß» gewiß, aber doch auch kein Einzelfall unter den 70er Jahrgängen, wie ich es in der Praxis in jüngster Zeit immer neu erlebe. Da wird mit Erfahrung über das rechte Maß in der *Askese* nachgedacht! Dies ist wie eine Kehrtwendung um 180 Grad gegenüber der Elterngeneration, in der das rechte Maß im Hinblick auf leibliche Genüsse die Szene gänzlich beherrschte (besonders in Gestalt der vielen Eßstörungen; aber auch der Sexualität).

In der öffentlichen Meinung ist dergleichen freilich noch gar nicht sichtbar; bzw. es wird totgeschwiegen; aber in der Wirklichkeit ist hier eine herrliche neue Hoffnung aufgetaucht: Die junge Generation ist die mittlerweile übel riechende Schlagsahne unserer Wohlstandsgesellschaft leid! Diese immer neuen Werdeprozesse im Gang der Generationen – wie sehr wird das auch an diesem Phänomen sichtbar, wie deutlich wird es, daß die

Schöpfung und ganz gewiß die Menschheitsgeschichte auf eine Aufwärtsentwicklung angelegt sind, und wie sehr gleichen die Vorgänge in ihrer Struktur dem Vorgang des Gebärens!

Sie schildern es so plastisch durch das, was Sie über Ihre beiden Großmütter erzählen. Es ist schwierig, in eine völlig veränderte Situation (wie die eine mit den elektrischen Haushaltsgeräten) hineinwachsen zu sollen, schwierig wie als junge Mutter in das opfervolle Leben mit einem Säugling; da ist immer auch Verlust: Verlust der liebevollen Hand beim Kuchenrühren und dem Kunstwerk eines besonders leckeren Kuchens; Verlust der Ungebundenheit des kinderlosen Frau-Seins vor dem Mutterwerden; aber da ist immer auch ein neues Geschenk, eine Möglichkeit zu mehr Sinn: beim Gebrauch des elektronischen Haushalts, der Gewinn an Zeit für solch einen Briefwechsel z.B., für mehr Studium, für mehr Anbetung, oder bei der Mutterschaft: Sinn durch Freude am Kind, durch Hoffnung auf Zukunft, durch Gottesgehorsam.

In der Tat: Unsere Geschichte zeigt gewiß Fortschritt an; übel wird es nur, wenn der Mensch sich von Gott losreißt und mit seinem ihm innewohnenden Bedürfnis nach Fortschritt maßlosen Schindluder treibt und Dekadentem nicht mehr auszuweichen sucht; aber selbst dann gibt es offenbar so etwas wie eine stille Lenkung hinter den Türen zum Wieder-hinein-Schwingen in eine gesündere Bahn. Es soll eben «christuswärts» gehen, wie ein schöner Buchtitel des Naturwissenschaftlers Max Thürkauf heißt. Gott schreibt dabei auch «auf krummen Zeilen gerade». Er schreibt und wirkt z.B. durch eigentlich begnadete Erfindungen, wie sie die Technik darstellt.

Auch beim Vergleichen Ihres großmütterlichen Schicksals väterlicherseits mit der Situation der Enkelin Andrea ist doch dieses Grundgesetz unseres Schöpfers sichtbar: Da ist Frühvollendung durch das Hervorbringen einer großen Familie, aufgeopfertes Leben, damit Gottes Wille geschehe: daß dieses Menschengeschlecht nicht ausstirbt, weil Gott Großes mit ihm vorhat; aber zwei Generationen weiter besteht eine durch medizinischen Fortschritt gänzlich geänderte Situation: eine viel höhere Lebenserwartung des einzelnen, und daraus folgend die Notwendigkeit von nicht mehr sieben Kindern, sondern nur von drei Kindern pro Familie, um den Bestand der Bevölkerung zu sichern, und auch eine neue Möglichkeit einer sehr individuellen, sehr liebevoll-verantwortungsbewußten Familienplanung.

Auch hier ist dem Menschen eine neue Möglichkeit *und* Notwendigkeit zugewachsen, «seine Triebe in Form zu bringen», wie Sie das so präzise in bezug auf die Askese in Ihrem letzten Brief ausdrückten! Was der Papst hier empfiehlt, ist Fortschritt, und zwar christuswärts, weil die wahre Liebe, die opferbereite, bei diesem Konzept in den Vordergrund tritt!

Und die so wunderbar uns modernen Menschen lang und länger geschenkte Lebenserwartung machte es ja auch möglich, daß eine so junge schöne Frau wie die Frau Dr. Dillon aus Graz, es keineswegs nötig hat, sich vorreif und unbedacht in das lebenslängliche Abenteuer Ehe hineinzustürzen...

Freilich deuten Sie in Ihrem Brief noch einen anderen Grund dafür an: Den einer lang sich hindehnenden Krankheitsphase, von der Sie bisher noch nichts erzählten und die natürlich eine alte Therapeutin neugierig macht. Auf jeden Fall wirft diese Andeutung ein helles Licht auf Ihr mir bisher doch rätselhaftes Reif-Sein. Da ist er, der Schlüssel: Und er heißt: das Erleben von leiblichen Schmerzen, langfristig und in jungen Jahren! Ähnliches habe ich in der Praxis gelegentlich staunend erlebt; und so wenig wir dergleichen Kindern wünschen möchten, so legitimiert es doch die schwer annehmbare Gegebenheit, daß Gott Leiden zuläßt.

Ja, ich kann sogar mit einer kleinen Parallele aus meiner eigenen Kindheit aufwarten: Ich habe, nachdem man mir als Neunjährige hinter dem Ohr den Schädel aufmeißelte (weil eine Mittelohrentzündung mich an den Rand des Todes gebracht hatte), in den folgenden fünf Jahren an einer offenen Fistel dieser Operationswunde gelitten, die in vierwöchigem Turnus mit «Höllenstein» ausgebeizt wurde. Ich habe damals einiges gelernt: Ich denke, daß man es als Leidensfähigkeit, Glücksfähigkeit und als Möglichkeit, Unwichtig-Unangenehmes nicht wichtig zu nehmen, bezeichnen könnte. Es lenkt auf Tieferes hin – das Leid, unter der Voraussetzung, daß es nicht alle Kraft übersteigt.

Zu Ihren Askese-Ausführungen möchte ich nichts hinzufügen; zu sehr treffen Sie den Kern aller Probleme, die damit verbunden sein können.

Dank auch für Ihr Mit-Lieben zu meiner asketischen Patientin hinüber. Ganz gewiß ist jede Seelenkrankheit letztlich ein Schrei nach Liebe; nur müssen doch oft erst die unbewußten Konflikte ans Tageslicht, die bewirken, daß der Leidende wie verstrickt in einem Netz zappelt. Besonders dann ist das der Fall, wenn die Ratio sagt: «Ja, ich stimme dem zu, was die mich liebenden Eltern mir anempfehlen», und das «Daimonion»[2] diesen «Vernunftsbeschluß» mitnichten akzeptiert. Ein Bruch mit den Eltern kann und mag nicht gewagt werden; und so werden die Konsequenzen ihres guten Ratschlags unerträglich.

Das ist ein Konflikt, der eine brave christliche Tochter in der Tat in Rituale hineinsteigern kann, die den Abbruch des Begonnenen eben dann durch Krankheit heraufbeschwören.

Und wenn die «Verhältnisse» dann Grenzen setzen und mit Einsicht der Eltern gar nicht gerechnet werden kann, klemmt auch der Therapeut manchmal ganz schön mit zwischen Baum und Borke. Jedenfalls ist das Erkennen der Konfliktlage die Voraussetzung zur Lösung.

Aber mir ist mit Ihnen, liebe Andrea, auch ganz klar, daß die Lösung letztlich darin liegt, auf das Zu-Fallende zu hören, statt mit Gewalt etwas erzwingen zu wollen.

Doch heute freue ich mich erst einmal über alles uns beiden «Zu-Fallende» in diesem Gedankenaustausch.

Gern hätt' ich freilich noch gehört, was die Frau Doktor zur religiösen Erziehung im Schul- und Firmunterricht zu sagen hat, wie ich's im letzten Brief erfragte. Aber Eile mit Weile!

Ich grüße Sie herzlich aus meinem Rosengärtlein!

Ihre Christa Meves

Graz, am 24. Juli 1994

Liebe Christa Meves!

Meine Instinkt hat mich also nicht getrogen, *wußte* ich es doch, daß ich heute noch von Ihnen Antwort bekommen würde, und was für eine schöne noch dazu: die Interpretation unserer Schöpfungsgeschichte als ein «christuswärts»-sich-Fortbewegen, das sich unter Schmerzen trotz aller Rückschläge immer wieder neu vollzieht ... – denn die Liebe ist und bleibt die Stärkere, die Allerstärkste in diesem Kampf zwischen Gut und Böse.

Wahrlich, «stark wie der Tod ist die Liebe, ihr Licht ist wie ein leuchtendes Feuer, das können die Wasser nicht löschen und die Ströme nicht überfluten» (Hld 8, 6f)!

Vielen Dank dafür!

Gerne will ich den Versuch wagen, mich verspätet aber doch zur religiösen Erziehung im Schul- und Firmunterricht zu äußern, wenn ich auch nicht recht weiß, ob es mir dabei nicht doch ein wenig an Erfahrung und Kompetenz mangelt. Aber es soll ja auch nicht «der Weisheit letzter Schluß» sein, sondern ein privater und darum auch subjektiver Erlebnisbericht.

Grundsätzlich läßt sich feststellen, daß auch bei uns Glaubensübermittlung immer schwieriger wird, zum einen, weil viele der Kinder eine negative Einstellung zum Glauben in den Firm- oder Religionsunterricht mitbringen, zum anderen, weil manche Lehrer selbst sich dem Trend opportunistisch anpassen.

Ich möchte Ihnen zum Einstieg eine kleine Geschichte erzählen.

Da war eine junge Lehrerin, in deren Leben der Glaube einen ganz zentralen Stellenwert hatte. So machte sie sich eines Tages auf, um neben ihrer sonstigen Arbeit in einer Pfarrei eine Firmgruppe zu übernehmen, da sie gehört hatte, daß man dort dringend Menschen dieser Art suche.

Sie begab sich also frohen Mutes zum ersten Gruppenleitertreffen; ein wenig nervös zwar, ob sie der ihr bevorstehenden Aufgabe denn gewachsen wäre, aber doch gut gerüstet mit einem bestimmten Maß an Erfahrung im geistlichen Leben sowie einer fundierten theologischen Kurzausbildung und im Vertrauen auf Gottes Hilfe...

Anläßlich der monatlichen Gruppenleitertreffen war man sich durchaus einig über die Ziele des Firmunterrichts; die wöchentlichen Unterrichtsstunden (unsere Lehrerin hatte eine siebenköpfige Mädchengruppe zugeteilt bekommen) aber schienen ein anderes Bild zu zeichnen, denn schon nach wenigen Stunden begannen ihre Mädchen zu meutern, mit der Begründung: Die anderen Gruppen würden bloß *lustige* Sachen machen, z.B. Billard spielen, Glühwein trinken, ins Kino gehen, Sambatänze einstudieren usw., und niemals richtigen Stoff; während sie, diese sieben also, die Zeit meist mit sachbezogenen Gesprächen verbringen müßten.

Die junge Lehrerin nahm das nicht weiter ernst; es gehörte zu einem guten Firmunterricht ihrer Meinung nach schon dazu, auch einmal einen lustigen Nachmittag zu gestalten; sie selbst hatte das mit ihrer Gruppe auch durchaus vor, aber erst gegen Ende der Firmvorbereitung. Die Firmstunden erwiesen sich als äußerst anstrengend und frustrierend. Die Mädchen machten ihr zwar die Freude, sich wirklich in allem und jedem absolut *ehrlich* zu äußern, wie sie es erbeten hatte, aber diese Äußerungen ergaben ein mehr als tristes Bild.

Die Mehrheit bekannte, daß sie «diesen ganzen Quatsch mit der blöden Firmung» nur deshalb auf sich nähme, weil man «ohne das nicht kirchlich heiraten und Taufpatin sein kann» (wovon aber nur ein Argument der Wahrheit entspricht), weil «fast alle in der Klasse da irgendwie mittun» oder «um sich beim Religionslehrer einzuschmeicheln und den Rest der Schulzeit bei ihm nichts mehr lernen zu müssen».

Nach sieben bis acht Jahren schulischen Religionsunterrichts war nichts über die Bedeutung des Kreuzzeichens ins Bewußtsein gedrungen. Die Jugendlichen hatten kaum Ahnung vom Geschehen in der Heiligen Messe, waren unvertraut mit den markantesten Bibelstellen bzw. Gestalten aus der Heiligen Schrift, konnten weder das Glaubensbekenntnis noch den Dekalog, ja nicht einmal das Ave-Maria...

Aber eines konnten alle: Sie zeterten und wetterten – in Übereinstimmung mit den zeitgenössischen Medien – laut und mit Inbrunst gegen «die Sch... Kirche mit ihren vertrottelten Anweisungen, verstaubten Ansichten und idiotischen Ritualen». Sie überboten sich gegenseitig mit irgendwo aufgeschnappten «neuen Theorien» wie z.B. jene Erichs von Däniken: Die Auferstehung war keine Auferstehung, da Jesus ja gar nicht tot war; er erwachte aus seinem Scheintod, wurde von den Jüngern nach Indien übersiedelt und lebte dort lange und glücklich im Kreise von Frauen, Kindern und Anhängern... – und das alles ist natürlich *eindeutig* wissenschaftlich bewiesen, bloß die blöde katholische Kirche ist zu feig, das einzugestehen.

So ging die Unterrichtszeit dahin. Die junge Lehrerin hatte dennoch den geplanten Firmstoff durchgezogen, gegen alles nervtötende Rebellieren ihrer Mädchen. Kurz vor der Firmung meldete sich die Mutter eines ihrer Mädchen und bedankte sich bei ihr; aber gleichzeitig berichtete sie Trauriges: Sie hätte sich genötigt gesehen, beide Töchter vom schulischen Religionsunterricht abzumelden, «damit sie den katholischen Glauben, der uns heilig ist und für den sie auch durchaus Interesse haben, nicht gänzlich verlieren».

Ihre Töchter hätten in der Schule eine merkwürdige Religionslehrerin. Sie, die Töchter und die Mutter, seien über den dargebotenen Stoff bzw. über die Art der Darbietung tief entsetzt gewesen... Es war dieselbe Lehrerin, die als Firmgruppenleiterin von etwa 20 Firmstunden 18 für «lustige Dinge» und nur zwei für Stoff verwendet hatte!

Die Firmung war schließlich da. Die junge Lehrerin mußte sich seufzend eingestehen, daß es ihr nicht gelungen war, diesen steinigen Boden aufzubrechen. Eigentlich, so meinte sie, könne man es nicht verantworten, fünf von den sieben Mädchen zum Sakrament zuzulassen, hatten die ihr doch erklärt, sie würden, sei die Firmung erst einmal vorbei, gar nicht im Traum daran denken, jemals in die Kirche zu gehen (auch nicht zum Sonntagsgottesdienst), oder ihr privates Leben (eine frühreife 15jährige hatte bereits eine Beziehung zu einem erwachsenen Mann) in Ordnung zu bringen. Blieb für diese Kinder die Firmung nicht ein heuchlerisches Theater?

Ich tröstete meine Kollegin mit der Hoffnung, daß die gesäten winzigen Keime vielleicht doch einmal in naher oder ferner Zukunft aufgehen würden.

Soweit meine Geschichte.

Aber auch ich selbst wurde einmal Zeugin eines wirklich bemerkenswerten (im negativen Sinn!) Gesprächs zwischen zwei jungen Mädchen, die auf dem Religionspädagogischen Institut die Ausbildung zu Religionslehrerinnen im Pflichtschulbereich absolvierten.

Offenbar hatte ein Professor in der Vorlesung gefragt, wie seine Schüler/innen es denn mit der Sonntagspflicht hielten, worüber sich die beiden schier zu Tode amüsierten. Da war die Rede «von diesem nichtssagenden Quatsch, den ich mir doch auf keinen Fall anhöre – wo käme man denn da hin!»; von «dem alten Trottel, der sich um seinen eigenen Kram kümmern soll» und von der «erpresserischen Haltung der Kirche, die bei ihren zukünftigen Religionslehrern noch so etwas wie Auslese betreibe»...

Auf diesen rhetorischen Cantus firmus bauten sich dann in Falsett-Tönen noch weitere Details auf, die als Quintessenz folgende Einstellung erkennen ließen: Irgendeinen Beruf brauche ich schließlich; warum also nicht Lehrer? Man hat doch wenigstens ordentlich Ferien und wird auch nicht gar so schlecht bezahlt. Gut, Lehrer – aber welches Fach? Mit einem Hauptfach muß man dauernd Hausübungen und andere lästige Dinge korrigieren; für ein Nebenfach muß man sich gründlich vorbereiten... am besten, man wird Religionslehrer. Keine Korrekturen, nicht viel Vorbereitung, man geht eben in die Klasse und «diskutiert» oder tut sonst etwas. Und außerdem: «Reli-Lehrer» werden gebraucht, während fast alle anderen jahrelang auf einen Job warten müssen.

Geschockt ging ich nach Hause. Wie sollte bei einer solchen Einstellung jegliche spirituelle Glaubensvermittlung möglich sein? Gerade auf diesem Gebiet müßte man doch die *Besten*, die *Allerbesten* einsetzen, um noch irgend etwas zu erreichen bei den Kindern, die ja von zu Hause bar jeden religiösen Wissens in die Schule kommen. (Unser Paradebeispiel ist eine Grazer Hauptschule, bei der bloß noch 40% der Schüler auf dem Papier katholisch sind, dazu kommen einige wenige evangelische – der Rest ist bereits ungetauft und ohne Bekenntnis! Aber *noch* ist das eine Ausnahme; in anderen Schulen schaut es, wenigstens der Statistik nach, noch besser aus.)

Glücklicherweise macht die Kirche von ihrem Recht Gebrauch, eine Auswahl unter ihren fertig studierten Glaubensvermittlern zu treffen, und das, wenn man «Insidern» glauben darf, auch sehr gründlich.

Trotzdem erstaunt es dann, folgendes über ein «katholisches» Religionslehrer-Ehepaar zu erfahren: Es bekenne sich in seinen Klassen öffentlich zum Buddhismus und führe die diversen Ehestreitigkeiten auf die Tatsache zurück, daß der eine Partner bereits zum fünften Mal wiedergeboren (also auf einer höheren Bewußtseinsstufe) sei, der andere erst zum dritten Mal... Nur logisch, daß es da Unstimmigkeiten gebe!

Immerhin soll der betreffende Diözesanbischof Einspruch erhoben haben.

Religionslehrer haben meines Erachtens einen sehr schwierigen Stand in der Schule (das beginnt in manchen Fällen schon bei den Damen und Herren Lehrerkollegen bzw. dem Herrn Direktor), so daß es schon fast Heldentum erfordert, sich dazu zu bekennen. Um wieviel mehr gilt das erst bei den Schülern! Die menschlich gesehen durchaus verständliche Reaktion ist dann meist, sich zwar als Religionslehrer zu deklarieren, aber im gleichen Atemzug hinzuzufügen, man gehöre eher ins liberale Lager und sei sehr aufgeschlossen für jeglichen Pluralismus der Meinungen.

In gewissermaßen vorauseilendem Gehorsam, «denn diese römische Linie wird ja wohl nicht mehr lange dauern; das Ende ist abzusehen!», verkündet man lautstark und wie man meint tapfer sein dem Tenor des Zeitgeistes entsprechendes Bekenntnis zu allen in den Medien hochstilisierten «Problemen» der Kirche: Natürlich ist man für die Befreiungstheologie, natürlich gegen die Haltung der Kirche in Fragen der Sexualmoral, natürlich gegen die «Diskriminierung» der Frau durch die Verweigerung der Priesterweihe usw. Für diesen «Mut» erntet man Anerkennung. Riskiert man damit doch seinen Job, falls der bösen Amtskirche etwas zu Ohren kommt...

Manche Religionslehrer argumentieren, daß Konzessionen dieser Art der einzige Weg seien, mit den Schülern wenigstens noch in ein «Gespräch» einzutreten, wenn ich mich auch frage, was es mit «Gespräch» und Dialog zu tun hat, wenn man sich gegenseitig einfach nur darin bestärkt, gegen diese – ach so schreckliche! – Kirche Stellung zu beziehen. Wozu dann das alles? (Davon, daß dieses Sich-Anbiedern bei den Schülern außerdem den denkbar schlechtesten Erfolg hat und pädagogisch einfach nicht vertretbar ist, will ich gar nicht reden!) Letztlich aber handelt es sich für mein Gefühl bei einer Haltung dieser Art um einen schäbigen Verrat an der heiligen Mater Ecclesia[3].

Ich glaube deshalb, daß ohne wahres, tapferes, persönliches Lebenszeugnis und Bekennertum hier keinerlei Veränderung zum Positiven zu erwirken ist; und zwar nicht nur von den Pädagogen, sondern auch von den kirchlichen Instanzen. Es geht meiner Meinung nach nicht an, daß folgendes geduldet wird:

Ein geschiedener Religionsprofessor lebt jahrelang ohne Schwierigkeiten mit einer Freundin zusammen und bekennt sich auch offen dazu. Und es ist doch zu spät und auch heuchlerisch, wenn man ihn feuert, kaum daß er gedenkt, diese Beziehung in zweiter Ehe zu legalisieren.

Oder ein anderes Beispiel: Wie war mir zumute, als ich anläßlich eines Abendessens bei Bekannten neben dem Institutsvorstand einer theologischen Fakultät zu sitzen kam, der (als geweihter Priester!) ganz ungeniert seine «Lebensgefährtin» mitgebracht hatte und sich noch darüber erboste, daß es «in gewissen kirchlichen Kreisen gar so intolerant zugehe; Gott sei Dank seien wenigstens die gemeinsamen Freunde im Tennisclub liberaler eingestellt». Und die ganze Studentenschaft weiß Bescheid... Wie sollte denn da noch Achtung möglich sein, wie Orientierung, wie ein Sich-Ausrichten an katholischen Wertvorstellungen? Hier überdehnen die kirchlichen Instanzen allzuoft die Grenzen ihrer Toleranz nach Prokrustes-Manier.

Ich meine damit nicht, daß irgend jemand sich das Recht herausnehmen dürfte, über jene Menschen zu urteilen, weiß es doch nur Gott der Herr allein, wieviel Leid, wieviel seelische Kämpfe, wieviel Gewissensnot hinter einer solchen zur Schau gestellten Sicherheit stehen mag, aber das Augustinus-Wort gilt auch heute noch: «Den Sünder lieben, aber die Sünde hassen!» Das bedeutet auch, den Mut zu haben, eiternde Geschwüre mit einem klaren Chirurgenschnitt zu entfernen, zum Wohle des ganzen Leibes.

Doch das ist nur die eine Seite der Medaille.

Ich kenne auch viele wunderbare Religionslehrer, denen es mit viel pädagogischem Geschick, Einfühlungsvermögen und persönlicher Standhaftigkeit gelingt, ihre Schüler in unseren Glauben hineinzuführen; immer aber ist damit ihr klares Lebenszeugnis verbunden, das klare Bekenntnis zur katholischen Kirche und zum Papst – wenn auch manchmal offen das Leiden an der menschlich schwachen und sich darum verfehlenden Kirche ausgesprochen wird.

Unsere Religionslehrer müßten wieder «Professoren» im eigentlichen Sinn des Wortes sein, denn das heißt nichts anderes als «Bekenner». Nicht die abstrakte Glaubenslehre, sei sie auch noch so gut aufbereitet in methodisch-didaktischer Perfektion, nicht das Sich-Anbiedern bei den Schülern in infantiler Manier, sondern das *Bekennen des Glaubens* durch die Übereinstimmung mit dem eigenen Leben wird es bewirken, daß unser Glaube wieder aufleuchten kann in seiner befreienden Kraft und Herrlichkeit.

Wir brauchen eine *kniende* Theologie, wir brauchen *betende*, anbetende, fürbittende Gläubige, wir brauchen leidenschaftliche Zeugen Christi, die sich voll einsetzen für das Kommen des Reiches Gottes, wir brauchen Vertrauen auf den Heiligen Geist – diesen vergessenen Gott! – der uns doch anzünden will! Dann wird das Christentum sich bei uns erneuern können, dann wird Re-Evangelisierung sein: neues Blühen, neues Wachsen! Immer hinauf!

Jetzt ist mein Brief schon wieder so lang geworden, und die Zeiger der Uhr sind weit vorangerückt. Ich frage mich, was Sie wohl zu allen diesen Gedanken sagen werden; vielleicht habe ich das eine oder andere doch zu einseitig geschildert in meiner Trauer über so manche Zustände in der Kirche.

Doch nun möchte ich Sie auch bitten, in Ihrem nächsten Brief eine weitere *meiner* Fragen zu beantworten, eine, die mir sehr am Herzen liegt und bei der ich wirklich Ihre Hilfe brauche: Wie ist das mit der sogenannten feministischen Theologie? Ich gestehe, daß mir allein schon diese Formulierung Unbehagen bereitet...

Seit meinem letzten Amerika-Aufenthalt mache ich mir Gedanken zu diesem Thema, ohne so recht auf einen grünen Zweig zu kommen. Doch als kürzlich beim Dresdner Katholikentag (Zitat) «eine extrem feministisch angehauchte Theologinnengruppe» einen eigenen Stand hatte und mit einem in meinen Augen wirklich obszönen Plakat und dem Titel «Schlangenbrut» auf sich aufmerksam machte, wurde ich mehr als skeptisch.

Bitte, schreiben Sie mir doch einige Gedanken zu diesem Thema!

In herzlicher Dankbarkeit!

Ihre Andrea

Uelzen, am 25. Juli 1994

Liebe Andrea,

daß es in Graz auf so traditionsreichem Boden im Hinblick auf den Religionsunterricht kaum anders aussieht als bei uns in der Bundesrepublik, hat mich einigermaßen erschüttert. Ich hatte bisher die Vorstellung, daß die «Reichs-Deutschen» auch hier einmal wieder den eifrigsten Vormacher negativer Trends bilden; denn schließlich gehen ja die im Religionsunterricht von Religionslehrern verkündeten Häresien von den Theologieprofessoren aus, die sie auf den Universitäten schlimm falsch unterrichten! Und diese wiederum sind Opfer des «Marsches durch die Institutionen», den sich die «Gesellschaftsveränderer» der Studentenbewegung von 1968 ausgedacht hatten.

Aber man muß sich das immer wieder klar machen: Diese Veränderung hatte das Ziel, die «verkrusteten Strukturen» Familie, Kirche, ja, den gesamten demokratischen Rechtsstaat zu zerstören, um dann das marxistische Arbeiterparadies aus der Taufe zu heben!

Es ist mir immer wieder unverständlich und ungeheuerlich, daß die offen deklarierte Staatsfeindlichkeit («Macht kaputt, was euch kaputt macht!») vom Staat nicht angemessen beantwortet wurde: zum Schutz künftiger Generationen. Und noch viel unverständlicher ist es mir, daß die Kirche so tolerant mit der Lehrerlaubnis umgeht, so daß unter Umständen zunächst die künftigen Religionslehrer und durch diese dann ungezählte Kinder verführt werden.

Was Sie über die Firmgruppe schreiben, über das Gespräch der beiden jungen Theologinnen, ja, auch über das so «souveräne» Verhalten des Priesters mit seiner «Lebensgefährtin», kommt schließlich *alles* aus einer Wurzel: der planmäßigen Zersetzung der Grundbasen, auf denen das christliche Abendland seit fast 2000 Jahren ruht!

Kürzlich, bei einem Besuch der Enkel, kam im Familienkreis das Gespräch auf dieses Thema. Der älteste, Kai, berichtete, daß sie gerade dabei wären, eine Klausur über den (vormarxistischen) Philosophen Feuerbach vorzubereiten. Der Religionslehrer sei ein «Fan» von dem, und wenn man in der Abiturvorzensur einen Bonus erreichen wolle, sei es zwingend, ihm nach dem Munde zu reden; Kritik oder gegenteilige Meinung sei unerwünscht.

Till, sein 16jähriger Bruder, bestätigte diese Erfahrung in bezug auf Marx und Engels, die bereits eine ganze Dekade Hauptthema in ihrem Religionsunterricht seien. – «Und weil er selbst so überzeugt ist, überzeugt er fast alle», kommentierte er. «Und die, die dagegen sind, halten wohlweislich den Mund.»

Und dann erst der Bericht der Kleinen: Nicolas (dritte Klasse) hatte angesichts der Interpretation des Lehrers, daß in Wirklichkeit bei Moses' Klopfen gegen den Fels «eine Quelle bereits entstanden gewesen sei», noch mit Bekennermut darauf beharrt, daß «Gott doch überall in der Bibel Wunder getan hat».

Benedikt (siebte Klasse) hatte sich gegen die Lehrermeinung gewehrt, daß die Schallwellen von «Pauken und Trompeten» die Mauern von Jericho zum Fall gebracht hätten. «Es waren Posaunen», hatte er den Lehrer zu korrigieren gewagt, und – ein kluger Adept der Physik – «mit Naturwissenschaft ist das Ereignis nicht zu begründen!»

Aber am schönsten war doch Annes Widerstand nach den Osterferien, als ihre Religionslehrerin den Viertkläßlern weiszumachen suchte, die Jünger hätten sich die Auferstehung in ihrer Trauer über den hingerichteten Meister nur ausgedacht. «Das kann nicht stimmen», hatte sie tapfer erwidert, «in Uelzen, bei Großmutter, da war er wirklich auferstanden...»

Nun ja, das hört sich alles so ganz hübsch an, zumal ich als Großmutter einige Hoffnung davon ableite, daß meine Enkel sich als gefeit gegen diese Art der Verführung erweisen; aber im Grunde genommen ist das alles doch atemberaubender Mißstand!

Mein Vater meldete mich 1935 in der ersten Klasse des Gymnasiums von der nur noch freiwilligen Teilnahme am Religionsunterricht ab, nachdem uns ein halbes Jahr lang lediglich germanische Mythologie vermittelt worden war. Müssen besorgte christliche Eltern heute nicht Ähnliches in Erwägung ziehen?

Aber es ist ein guter Trost, daß es auch noch getreue Vermittler des Glaubens an die Kinder gibt, wie Sie betonen, Andrea. Das kann ich für beide Konfessionen ebenfalls nur bestätigen; aber auch dieses: daß die, die bei der Wahrheit bleiben, in ihrem Umfeld, z.B. dem Kollegium, oft bald in Isolation geraten.

Und hier tut sich mir überhaupt ein Phänomen auf, das ich gern einem österreichischen Vergleich aussetzen würde. Es zeichnet sich bei uns sehr eindrucksvoll zumindest im evangelisch-lutherischen Bereich ab, aber neuerdings scheint auch der katholische nicht mehr gefeit zu sein: Die Frommen, Hauptamtliche wie Laien, werden von den dem Zeitgeist Angepaßten, den lauten Wortführern, ausgegrenzt, besonders auch gerade die, die durch unerschütterliches Bekenntnis einen Kreis oder eine Gemeinde um sich geschart haben.

Erstaunlicherweise werden sie dafür aber von der Institution (z.B. der EKD) amtlicherseits mit Mißachtung gestraft, ja, falls sich die Verfemten gruppieren, sind sie unter Umständen sogar aktiven Anfeindungen ausgesetzt, statt ermutigt und belobigt zu werden. Bei uns im protestantischen Norden gibt es deshalb schon jede Menge «Sekten», im wahrsten Sinn dieses Wortes Abgeschnittene, mit einem sehr intensiven, oft urkirchlichen Gemeindeleben. Die Zahl dieser Abspaltungen hat in den vergangenen 20 Jahren enorm zugenommen, was aber auch eine weitere, höchst bedenkliche Folge hatte: Die Zahl der gläubigen Pastoren innerhalb der Amtskirche, die Glaubensfeuer zu übermitteln vermögen, nimmt immer mehr ab.

Die Institution evangelisch-lutherische Kirche entleert sich nicht nur durch Kirchenaustritte allein, sondern der Spiritus Sanctus bleibt ihr immer öfter so fern, daß weder die Suchenden noch die Alt-Gläubigen befriedigt werden. Der hauptamtliche Bereich bleibt entleert zurück (man beschäftigt sich weiter, sich beim atheistischen Sozialismus anbiedernd, mit Politik), während es jenseits der Ränder nur so von frischem Glaubensgrün sprießt.

Manchmal hat mich in jüngster Zeit die Furcht gepackt, daß es dazu Parallelen auch bereits in der katholischen Kirche gibt. Ich meine damit nicht etwa allein die Gruppierungen, die mit Bischof Lefèbvre nicht bereit waren und sind, das Zweite Vatikanische Konzil und eine Veränderung der Heiligen Messe anzuerkennen, ich meine die vielen, ebenfalls sehr frommen und dennoch zum Teil schon ausgegrenzten Vereinigungen: Die Fokularbewegung, den Kreis marianischer Priester, den Verein katholischer Priester, den Linzer Priesterkreis, das Opus Dei, die Schönstatt-Bewegung etc.

Manchen sind sie nicht einmal mehr auf den Katholikentagen genehm, während, wie Sie erwähnten, eine feministische Gruppierung mit Namen «Schlangenbrut» auch noch 1994 in Dresden sich tummeln durfte, ungeachtet ihrer verletzenden blasphemischen Slogans, die dort zur Tagesordnung gehören.

Sollte die berechtigte Kritik der ausgegrenzten Rechtgläubigen an gefährlichen Auswüchsen nicht eher «dialogwürdig» sein als «Dialoge» mit den (für mein Gefühl) viel zu wohlwollend tolerierten Zersetzern des Glaubens und der Kirche? Oder gibt das Gleichnis Christi über den Acker mit dem Unkraut eine Legitimation her? Muß Glaube nicht auch beschützt werden? Läßt es sich verantworten, daß so viele Seelen durch Verführung um ihr Seelenheil gebracht werden?

Ach, liebe Andrea, nun bin ich immer noch nicht bei dem Thema, nach dem Sie im letzten Brief fragten: dem der feministischen Theologie, obgleich es sich doch unmittelbar anschließt an das, was mir zum Dilemma des Religionsunterrichts einfiel. Aber ich will es mir dennoch für heute verkneifen. Aufgeschoben ist ja nicht aufgehoben... Mein Feriennachmittag ist schon weit vorgerückt. Bald beginnt mein Abend-Pflegedienst bei meinem gelähmten Mann.

Aber bevor ich schließe, möchte ich gern noch einmal auf Ihren vorletzten Brief zurückgreifen und mich an einem Phänomen freuen, das dort so eindrücklich, wie auch sehr übergreifend an *Ihrer* Einstellung zu mir, zum Ausdruck kommt; eine Einstellung, die ich nun auch beglückt an meinen eigenen Enkeln zu erleben beginne.

Sie sprachen von Ihren Großmüttern, besonders der Mutter Ihrer Mutter, mit der Sie offensichtlich tief verbunden waren. Und auch unser beider Beziehung gehört ja vom Standpunkt der Generationsfolge her in diese Kategorie. Hier taucht etwas Neues auf, das nicht gänzlich singulär zu sein scheint: Die 70 bis 80jährigen, die es heute in sehr viel größerer Zahl gibt, weil die Lebenserwartung der Menschen sich dank der tüchtigen Medizin abermals erhöht hat, werden von den heute 15 bis 25jährigen, der Enkelgeneration also, wieder sehr viel stärker ernstgenommen. Die Phase der überheblichen Mißachtung des Alters als «Oma» und «Opa» ist vorüber. Je weniger die Enkel noch Familie oder gar Großfamilie erlebten, um so eher suchen sie den Kontakt zur Großelterngeneration.

Das ist ein kluges, der Jugend angemessenes Bedürfnis, die Alten zu befragen, zuzuhören, was sie erzählen, welche Konsequenzen sie aus ihrer Lebenserfahrung zogen; nicht um einfach alles zu übernehmen, aber um das Wissenswerte und Nachahmenswerte aufzunehmen und das Überholte beiseite zu lassen. Nur wer die Geschichte nicht zur Kenntnis nimmt, muß sie wiederholen, hat irgendein kluger Mensch gesagt.

Aber dieser Prozeß des Austausches ist nicht einseitiges Geben der Alten und Nehmen der Jungen. Er enthält viel frisch erhaltendes Lernen auch der Alten von den

Jungen: von ihrem Idealismus, von ihrer Neugier auf die Zukunft, von ihrer unbelasteten Weltsicht, auch von ihrem so selbstverständlichen Umgang mit Technik. Dies fiel mir also ein: daß die längere Lebenszeit der Alten auch ein Geschenk sein kann: der Jungen an die Alten, aber auch ganz direkt ein Geschenk Gottes an die Enkel – und nicht einfach nur eine neue Plage, die man womöglich gar durch ein Programm der Euthanasie verringern sollte (!!!).

Sie machen da für mich so etwas wie einen Vorreiter bei einer beglückenden und gewiß sehr fruchtbaren Neuheit: einer intensiven geistig-geistlichen Verbindung zwischen Alt und Jung. Danke, liebe fern-nahe Andrea!

Ihre Christa Meves

Graz, am 26. Juli 1994

Liebe Christa Meves,

ist es bei Ihnen in Deutschland auch so unglaublich heiß? Unsere Radiosprecher berichten seit vorgestern vom «heißesten Tag des Jahres», und ich bin durchaus geneigt, ihnen das zu glauben, wenn ich einen Blick aufs Thermometer werfe: 35° C im Schatten, über 45° C auf meinem Beton-Balkon (in der Stadt kühlt es schon gar nicht mehr richtig ab!) und über 50° C im Auto (mein Thermometer geht nur bis 50° C, aber die Quecksilbersäule ist bis zum äußerst möglichen Punkt geklettert, als ob sie das sie umschließende Glas sprengen wollte).

Nun hat mir der liebe Gott überraschend einen ganzen freien Tag beschert; statt also wie gestern eine stundenlange heiße Autofahrt auf mich nehmen zu müssen, darf ich im (noch) kühlen Wohnzimmer sitzen und mich ohne jedes schlechte Gewissen geistigen Genüssen widmen, und bei besagten geistigen Genüssen rangieren Ihre Briefe natürlich an allerersten Stelle!

Gerade sind mir auf der Suche nach etwas Bestimmtem einige Photoalben in die Hände gefallen, und ich habe mir die Muße genommen, sie wieder einmal durchzublättern und Erinnerungen nachzuhängen. Dabei kam mir vieles von dem in den Sinn, was meine Großmutter zu erzählen ich immer wieder bat: «Großmama, wie war das denn nun *damals*?» Was mir als Kind eine spannende Geschichte à la Abenteuerroman erschien, verwandelte sich im Zuge meines Heranwachsens in ein etwas differenzierteres zeitgeschichtliches Verständnis. Als Erwachsene bedrängte ich meine Großmutter deshalb erst recht, von Ihrem Leben und den damaligen Umständen zu berichten. Und wie*viel* habe ich doch daraus gelernt! Und wieviel *mehr* erst aus ihrer Art zu leben und zu lieben...

Sie hat ein schweres Leben gehabt. Der Erste Weltkrieg begann, als sie ein Kind in Kärnten war. Sie erlebte die kärglichen Jahre nach dem Krieg; mit 13 kam sie weg von daheim und den sechs Geschwistern, zu fremden Leuten und schwerer Arbeit. Es folgte die Übersiedlung nach Graz als junges Mädchen, in der Zeit der wirtschaftlichen Depression und Not; die erste Ehe «aus Vernunftgründen»; nach zwei Jahren dann das heiß ersehnte Kind, meine Mutter, so früh geboren und so schwach, daß die Ärzte keine Überlebenschancen sahen. Mit einer Augenpipette hat Omi das Baby gefüttert, monatelang, alle halben Stunden. Der Mann war keine Hilfe, eher gegen das Kind als dafür.

Das Scheitern dieser Ehe, das Eingehen einer neuen, einer Liebesehe. Kurze Zeit des Glücks, dann das Erleben der ununterbrochenen Seitensprünge des Mannes, die durch nichts zu beenden waren; will sie ihn halten, muß sie dazu schweigen. Der Zweite Weltkrieg mit seiner ganzen Härte, der Beginn des Wiederaufbaus, die Sorge um das einzige Kind.

Sie ist knapp 40 Jahre alt, eine schlanke, wunderschöne Frau, so schön, daß Maler sie auf der Straße ansprechen, ob sie sie porträtieren dürfen, da verläßt sie der Mann endgültig wegen einer anderen. Zehn Jahre lang, sagte sie mir einmal still, zehn Jahre lang hat sie darunter äußerst schwer gelitten, denn sie liebte ihn immer noch. Sie ist 43, als ihre Tochter, jetzt 19 Jahre alt, aus dem Haus geht und sich in Wien selbständig macht. Sie arbeitet wieder, um leben zu können, kämpft mit gesundheitlichen Schwierigkeiten, ist viel allein. Ihre Tochter wandert nach Amerika aus, als sie 51 ist. Zehn Jahre vergehen. Einsame Jahre, abgesehen von den Urlauben mit Tochter und Schwiegersohn und einigen älteren Bekannten, mit denen sie den Sonntagnachmittag verbringt. Sie muß noch immer arbeiten, um sich ihre Pension zu verdienen. Die Arbeitsbedingungen verschlechtern ihre Gesundheit.

Erst mit über 60 kann sie aufatmen. Sie erhält endlich ihre Pension, ein kleine zwar nur, eine «Ausgleichsrente», aber doch. Sie kann sich mehr schonen, ein bißchen ausruhen, ein bißchen genießen. Dann erwartet meine Mutter ein Kind und hat es schwer dabei. Großmutter springt ein, fliegt nach Amerika, hilft ihrer Tochter bei allem und jedem, pflegt sie aufopfernd, holt sie heim nach Österreich. Ich werde in Graz vier Wochen zu früh geboren und scheine gleich wieder wegzusterben. Eine komplette Blutumwandlung ist nötig, aber ich überlebe. Am 61. Geburtstag meiner Großmama werde ich getauft.

Äußere Umstände machen es nötig, daß meine Mutter in die USA zurückkehrt. Mit 61 Jahren hat meine Großmutter den Mut, einen Säugling zu sich zu nehmen, ein Kind aufzuziehen! Jetzt, wo sie es sich endlich ein kleines bißchen leichter machen könnte, denkt sie nicht an sich, nur an die anderen, und nimmt diese Aufgabe an, die ihr sicher auch oft eine Bürde gewesen sein mag, für die sie auf so vieles verzichten mußte. Und doch, sagte sie einmal, seien diese Jahre die schönsten ihres Lebens gewesen. Der Lebensunterhalt ist gesichert, ein kleiner Bekanntenkreis aufgebaut, zu Tochter und Schwiegersohn besteht ein gutes Verhältnis, obwohl die beiden weit weg sind, und ein Kind ist da, das Leben mit sich bringt.

Nach einigen Jahren kehrt die Tochter ganz nach Österreich zurück; sie hatte sich von meinem amerikanischen Vater getrennt und einen österreichischen Diplomaten geheiratet. Ein großes Haus wird gekauft, Großmutter, Tochter und Enkelin beginnen dort ein gemeinsames Leben. Oma führt gewissermaßen den Haushalt, sorgt für «ihre Kinder», umgibt uns mit ihrer Liebe, erlebt mein Heranwachsen.

Nach vielen Jahren eines ruhig dahinfließenden Alltags mit all seinen kleinen und größeren Schwierigkeiten, all seinen Höhen und Tiefen, nach vielen Jahren intensivsten körperlichen Leidens, das sie still trägt und erträgt und hinter einer tiefen Zufriedenheit und Dankbarkeit gegenüber dem von ihr als so schön empfundenen Leben verbirgt, da stirbt sie, ganz plötzlich, ebenso still, wie sie gelebt hat.

Erst das Begräbnis zeigt, wie leuchtend ihr bescheidenes Leben gewesen sein muß. Alle kommen, alle sagen das gleiche: «Sie war so gütig, so warmherzig, immer für andere da. Wir haben sie geliebt. Wir werden sie nicht vergessen.»

Als Kind habe ich es wie meine Mutter als naturgegeben hingenommen, in ihre Liebe eingebettet zu sein, und erst langsam habe ich als Heranwachsende begriffen, um wieviel größer ihre Liebe war als bloß die ihren Kindern gegenüber...

Jetzt will mir scheinen, daß sie das Geheimnis der Liebe wirklich verstanden hat: Freude, Wärme, Dankbarkeit, Zufriedenheit, Opferbereitschaft, Großherzigkeit, tiefe kreatürliche Verbundenheit mit allem, was da lebt und west, Friedfertigkeit, Schlichtheit, Demut... und solche Würde! «Nimm das Leid und mach' es zum Liede...

Welches ist süßer, welches mit Würde leiser...» – Dieses Weinheber-Gedicht hätte als Motto über ihrem Leben stehen können.

Ja, ich habe viel von ihr gelernt. Besonders beim Ertragen dessen, was uns gegeben ist, war sie mir ein besonderes Vorbild. Oh, ich merke, da taucht jetzt gewiß wieder die verstohlene Frage «der alten Therapeutin» auf: wie das denn nun gewesen sei mit meinen angedeuteten gesundheitlichen Schwierigkeiten. In aller Kürze will ich es zusammenfassen.

Ich war zehn Jahre alt, als langwierige Schmerzen auftauchten und schließlich bei einer Untersuchung ein Defekt an meinem Bewegungsapparat festgestellt wurde. Da ich viel zu jung für eine Operation war, folgten andere drastische Maßnahmen: nicht mehr Laufen, nicht mehr Springen, kein Herumtoben mehr; sofortige Befreiung vom Sport- und Turnunterricht; ja, nicht einmal längere Wanderungen oder ausgedehnte Spaziergänge, auch nicht langes Stehen waren möglich, ohne den Preis der Schmerzen dafür zu zahlen.

In der Schule blieb ich also allein zurück, wenn die anderen an den wöchentlichen Turnstunden teilnahmen; hatten sie gar einen Wandertag, so verbrachte ich ihn mit «Ersatzunterricht» in der Schule, und fuhren sie auf Skikurs oder Sportwoche, so hatte ich die ganze Woche «als Gast» in einer höheren oder niedrigeren Klasse zu verbringen, denn die Parallelklassen waren ja auch weg. Und von einigen sportunwilligen Klassenkameradinnen wurde ich wegen dieser meiner «Privilegien» auch noch beneidet und entsprechend behandelt, zumindest in der Unterstufe. Als ich 16 Jahre alt war, fanden die ersten Operationen statt; ich verbrachte den ganzen Sommer mit

Krücken, schaffte es aber, zu Beginn der siebten Klasse des Gymnasiums wieder zur Schule zu gehen. Innerhalb weniger Wochen stellte sich dann aber heraus, daß die Operationen ganz und gar nicht den gewünschten Erfolg gehabt hatten; so mußte ich mit 18, 20 und 23 Jahren erneut «unter's Messer», immer in den Ferien, so daß es mir trotz aller Schwierigkeiten gelang, zum Stolz meiner Eltern und Großmutter mit Glanz die Matura zu bestehen. Und auch danach habe ich nie ein Semester auf der Uni versäumt. Auch der jahrelange Musikunterricht ging «so nebenbei».

Es liest sich hier alles so leicht, wenn man zurückblickt. Aber wie sehr hat mich das alles beeinträchtigt! Es hatte eine ausgesprochene Anfälligkeit für andere Krankheiten zur Folge; praktisch jedes Jahr hatte ich eine schwere Bronchitis, einmal innerhalb von 13 Monaten viermal eine Lungenentzündung, wobei ich zwölf Kilo abnahm.

Meine Mutter und meine Großmutter haben da gewiß viele Sorgen mit mir gehabt, und so viel Aufwand! Aber sie und mein Vater haben mir auch beigebracht, diszipliniert mit dieser Situation umzugehen, mich um Selbstbeherrschung zu mühen und nicht anderen meine daraus oft resultierende innere Gereiztheit zuzumuten.

Meine Mutter war so weitblickend, mir von Anfang an einen entsprechenden Ausgleich zu schaffen, indem ich eine umfassende Ausbildung erhielt, weite Reisen machen und meinen Hobbies frönen durfte. Als ich meine Vorliebe für's Nähen entdeckte, bekam ich eine eigene Nähmaschine. Als ich begann, mich für die Geheimnisse der Astronomie zu interessieren, schenkten sie mir ganz herrliche Bücher, so daß ich immer auf dem neuesten

Stand der Informationen bleiben konnte... So war sie einerseits leidvoll, meine Kindheit, andererseits aber auch voll Liebe und Freude, z.B. auch durch weite Reisen.

Natürlich habe ich mich in diesen Jahren auch immer wieder gefragt, wieso der mich doch *liebende* Gott denn das alles zuläßt. Ja, auch ganz allgemein: Wieso der *alle* seine Geschöpfe liebende Gott denn *überhaupt* Leid zuläßt, z.B. jetzt gerade das millionenfache Sterben in Ruanda oder auch das himmelschreiende Leiden in Bosnien... oder auch in der Vergangenheit: der Holocaust, die Völkermorde in Nord- und Südamerika, die Massenvernichtungslager in Asien, die dreißig Millionen Revolutionsopfer in Rußland allein unter Stalin.

Letztendlich wird das alles doch immer ein für uns nicht durchschaubares Geheimnis des Vaters bleiben, dem wir uns nur in liebevollem Vertrauen nähern können. Aber trotzdem hätte ich doch *sehr* gerne gewußt, was Sie darüber denken... Wollen Sie mir nicht einige Gedanken dazu schreiben?

So, meine liebe Christa Meves, nun habe ich wieder einmal viel zu viel erzählt, und das so *gar* nicht zu unserem Thema passend, wollten Sie doch einen österreichischen Vergleich im Zusammenhang mit der «Ausgrenzung der glaubenstreuen Bekenner aus den üblichen kirchlichen Institutionen» hören... Doch ich sage mit Ihren eigenen Worten: Aufgeschoben ist nicht aufgehoben!

Ich freue mich schon auf Ihren nächsten Brief!

Alles Liebe!

Andrea

Uelzen, am 26. Juli 1994

Liebe Andrea,

Dank für Ihren Mittagsbrief eben. Oh ja, auch Norddeutschland sitzt unter einer Hitzeglocke wie seit Jahren nicht mehr; aber diese Tage mit unserem täglichen Briefwechsel sind ohnehin voller Besonderheit: Nicht nur Sie werden «durch Zufall» fürs Schreiben bereitgestellt: Auch bei mir kristallisiert sich geradezu so etwas wie ein Arrangement heraus: Weil meine Helferin Urlaub hat, mache ich keine Praxis, habe mich aber darauf eingestellt, daß die Enkel aus ihrem Wohnort Norderney eintreffen; doch gestern erbaten sie sich Aufschub: Die herrlich erwärmte Nordsee macht das Baden zu einem Super-Ferienvergnügen! Mir wird Zeit geschenkt, zum Schreiben, zum Lesen, zum Still-Sein!

Ihr sehr persönlich gehaltener Brief heute brachte mir ja einige Aufschlüsse über Ihr Geworden-Sein. Man erkennt an der Schilderung des vielen Krankseins, daß die Behinderung an einer ungetrübten Bewegungsfreude im Jugendalter als ausgleichende Gerechtigkeit bewirkt hat, daß die heute 25jährige eine so tief gebildete junge Dame ist!

Aber zwischen den Zeilen, wohlverpackt in die Darstellung der Lebensgeschichte Ihrer Grani, stehen schließlich noch andere Leiden, Leiden, die Sie freilich mit vielen Ihrer Jahrgangsgenossen teilen: Das Aufwachsen ohne Geschwister, das zunächst nur gelegentliche Erleben selten in Erscheinung tretender Eltern, den *nie* fehlenden Konflikt dann zwischen einer Großmutter, die die Mutterrolle eingenommen hat, mit der leiblichen Mutter, die ja schließlich doch ihre Priorität als Bezugsperson einfordert, die Gewöhnung an einen Stiefvater, der bei aller gegenseitigen Bemühung der ganz Richtige in den Augen des Kindes aber doch nicht ist und so viel Sehnsucht hervorlockt nach dem «göttlichen» Daddy in der Ferne...

Sie werden mir das bestätigen, Andrea: Es schafft situationsbedingte Valenzen, die selten fehlen... Um Nietzsche zu zitieren: «Ich kenne das aus 1000 Stunden!» (Praxisstunden). Das alles sind Leiden, sie beruhen auf Konflikten, in die das Kind, allmählich aufwachend, hineinwächst, und die von ihm in einsamen, es oft überfordernden Entscheidungen bewältigt sein wollen. Sie *haben* sie anscheinend alle bewältigt, und zwar ohne therapeutische Begleitung, und das ist gemessen an meiner Erfahrung mit ähnlichen Vorgeschichten eben auch bereits ein Wunder von der Art, über die wir uns bereits austauschten.

Sie haben natürlich sehr recht, die Personenbeschreibung Ihrer Grani bei Ihrem Werdegang so sehr in den Mittelpunkt zu stellen; denn deren hohes Maß an liebevoller Einsatzbereitschaft war ja der Brunnen, aus dem Sie sich haben so «muttersatt» trinken dürfen, daß Sie heute dieser so liebesfähige junge Mensch sind! Man spürt aus Ihrer Schilderung Ihre große Hochachtung und Dankbarkeit für sie und auch Ihren noch nicht ganz geheilten Schmerz über den so plötzlichen Fortgang der geliebten Betreuerin. Gewiß, Sie trösten sich tapfer damit, daß sie hat alt werden dürfen, daß sie noch erlebt hat, wie Sie sich entfalteten und auch allmählich körperlich stabiler wurden, aber für Sie ging sie dennoch zu früh!

Bei der Schilderung ähnlicher Geschichten in der Praxis (denn auch in Deutschland gibt es noch viele Jugendliche, die von der Großmutter aufgezogen wurden und von tiefer Trauer erfüllt werden, wenn sie stirbt) fällt mir immer ein, warum Gott ältere Frauen keine Kinder mehr bekommen läßt: Es besteht die Gefahr, daß sie sterben, bevor das Kind flügge wird.

Nun, Andrea, Sie sind flügge, und wie! Und deshalb müssen wir die Grani, wie es der alte Simeon ausdrückte, «in Frieden ruhen» lassen. Abgesehen davon hat Ihnen das Schicksal ja nicht umsonst einen Ersatz zur Verfügung gestellt...

Sehr zeittypisch ist Ihre Grani-Geschichte schließlich (von der Scheidung abgesehen) auch für die heutige Großelterngeneration überhaupt: diese sehr häufige Abfolge von einer entbehrungsreichen, oft sogar lebensbedrohlichen Phase der Kindheit und des jungen Erwachsenenalters und einer Abschlußphase im Wohlstand. Das ist für viele Anlaß zur Dankbarkeit und sinnträchtiger Freude. Aber dieses Glück wird fast immer nur bei denen zum Lebensgenuß, die darin die führende Hand eines liebenden Gottes sehen. Sonst verstärkt der Wohlstand geradezu die depressiv vernörgelte Unzufriedenheit der Alten, die sich darin festbeißen, daß sie «zu nichts mehr nütze sind». Auch gelingendes Alter hat Frömmigkeit zur Voraussetzung!

Zum Schluß Ihres Briefes gehen Sie aber über Ihr persönliches Berichten noch weit hinaus und stellen mir die Kardinalfrage, warum Gott so viel Leid überhaupt zuläßt. Relativ einfach ist diese Frage ja für den frommen einzelnen zu beantworten: Das Leid wirkt, wenn man es annimmt, wie ein Reinigungsbad von allem Beiwerk:

Von übertriebener Gewichtung von Unwichtigkeiten, von falschem Hochmut, von Überansprüchen, von Ungeduld, von Überschätzung menschlicher Eigenmacht.

Das Leid rückt uns zurecht, reiht uns wieder in die seufzende Kreatur ein, läßt das Suchen nach Gott wieder in den Mittelpunkt treten und lehrt uns zu flehen: Herr, erbarme dich! Es beschenkt mit dem doch so nötigen Lebensernst und läßt den Leuchtturm Gott wieder aufblinken. So weit, so gut – und Ihr frühes Leid hat ja Ihre so frühe Reife hervorgerufen; aber Sie lassen nicht los: Sie fragen weiter! Nach den Riesenkatastrophen der Weltgeschichte, bei denen Millionen und Abermillionen Menschen, unschuldige Kinder vor allem, oft so bitter grausam zu Tode kamen und immer noch kommen.

Zwar bin ich mit Ihnen einig, daß wir Menschen keine Kompetenz zur Beurteilung haben, weil wir unfähig sind, die Lage wirklich ganz zu durchschauen, daß es also allemal richtig ist, sich hier darauf zu berufen, daß all dieses Groß-Elend Gottes Geheimnis bleibt. Und doch hat er uns durch sein Offenbarungsbuch immerhin einige Hinweise gegeben:

Gelegentlich überläßt Gott seinem Widersacher Diabolos vorübergehend die Macht, und zwar immer dann, wenn durch Leid, Schmerz und Tod (und nur so!) eine Rettungstat eingeleitet werden kann, die die göttliche Liebe wahr und klar in Erscheinung treten läßt. So ist Golgotha zu verstehen. Das Leiden und Sterben des Gottessohnes erlöst alle, die dies erkennen, vom Fluch der Sünde und beschenkt sie mit ewigem Leben. Das ist zwar fürchterlich «teuer erkauft», wie Paulus sagt; aber es ist eben von Gott aus Liebe so für jeden von uns durchgestanden worden.

Jeder Nachfolge-Tod in Treue zu Gott ist deshalb ein kostbarer Mosaikstein der Liebe in der Vorbereitung des kommenden Reiches. Diese Einstellung kann die Qual und Last des Leidens, gerade, wenn keinerlei irdische Hoffnung mehr besteht, ertragbar machen, ja, unter Umständen (die Heiligen haben das in ihrem Sterben immer wieder vorgemacht) zu einer Verklärung führen, in der der Schmerz unwirksam wird.

Bei den zum Tode verurteilten Deutschen der Widerstandsbewegung von 1944, deren Todestag sich gerade zum 50. Mal jährt, war das z.B. so. Wie sonst hätte sich z.B. der gläubige Christ Bonhoeffer angesichts der Verurteilung, am Fleischerhaken aufgehängt zu werden, «wunderbar geborgen fühlen» und «getrost den kommenden Tag erwarten» können, wenn er unter diesem «Tag» nicht seine Heimkehr zu Gott verstanden hätte?

Ich war 19 Jahre alt, als dies alles passierte, und schon im Studium in Breslau und ich habe lange Jahre gebraucht, bis ich andeutungsweise verstand, warum der Krieg nicht bereits 1944 durch ein Gelingen des Attentats auf Hitler hatte zu Ende sein können. Meine besten Freundinnen wären nicht erschlagen worden, mein Freund wäre nicht gefallen, Millionen hätten überlebt – vor allem in der Zivilbevölkerung! Aber Gott ließ das Wüten des Bösewichts noch neun furchtbare Monate zu, denn erst im Super-Elend brach die diabolische Verzauberung der Menschen zusammen. Erst in Jesu Sterbestunde zerriß der Vorhang des Tempels: Erst in der tiefsten Tiefe allen Elends dieser Erde schenkt sich Gott in seiner absoluten Wahrheit im Hervortreten seiner ewigen Liebesmacht.

Der Tod ist also nicht allein nur «der Sünde Sold», er ist das notwendige Mittel zum letzten «Fortschritt» der gläubigen Menschenseele. Aus dieser Sicht unseres Herrn hat der Tod kein so furchtbares Gesicht wie für uns. Er ist nur scheinbar der Beweis von «Endgültigkeit», für Gott enthebt er aus dem «Jammertal» in die Geborgenheit. Nur die Vorstellung, daß der Tod für Gott eine neue Geburt ist, die den Gläubigen an das Vaterherz führt, macht es möglich, angesichts furchtbarer Leiden zum Tode nicht an der Liebe unseres Herrn zu verzweifeln.

Freilich gibt es darüber hinaus bei sehr schweren Sünden der Völker so etwas wie ein Hinausdehnen seines gnädigen Eingriffs, bis die Menschen zu einer Einsicht ihrer Schuld gekommen sind; das ist im Alten Testament im Buch der Chronik ausführlich beschrieben. Erst eine Umkehr vieler bewirkt schließlich Erhörung und Befreiung von einem König, der «nicht tat, was Gott wohlgefiel». Bei solchen Heimsuchungen ist der einzelne Unschuldige oft mitgefangen – mitgehangen.

Aber, wie gesagt, dem Gläubigen bleibt dann immer der Weg, sein persönliches Leiden als ein Sühneleiden für viele zu verstehen und ihm so «getrost» einen gottgefälligen Sinn zu verleihen. Ach, und für all die unschuldig hingemetzelten Kinder, die in Ruanda, in Auschwitz oder in Kroatien ebenso wie auch die zerstückelten Ungeborenen, hat Gott sicher einen Extrahimmel, ganz nahe bei Christus. Wie hätte er sonst sagen können: «Laßt die Kinder zu mir kommen?»

Wir sollten uns nicht so sicher fühlen, daß für solche und ähnliche Massensünden nicht auch für uns Abendländer noch zu unserer Lebzeit eine neue «Heimsuchung» unumgänglich wird. Wir sollten uns so viel wir können auf die Seite der guten Mächte stellen, die versuchen, dem bösen, zerstörerischen Geist unserer Tage entgegenzuwirken, und wir sollten fleißig Öl in die Lampen unseres Glaubens nachgießen, damit wir in der übermächtigen Konfrontation mit dem Bösen nicht schwach werden! Wir müssen uns bereiten für solche Zeiten, selbst wenn es sich nicht um eine große Sühnezeit, sondern nur um unseren persönlichen Übergang über das Wasser des Todes handelt!

Liebe Andrea, in der Ferne kündet sich grollend ein Gewitter an: Meine Ruh' ist hin! Auch solche Wetter wollen vorbereitet sein!

Ich warte auf die Beantwortung meines theologischen Themas!

In Liebe

Ihre Christa Meves

Graz, am 27. Juli 1994

Liebe Christa Meves!

Vielen Dank für Ihren so lieben Brief! Es hat mich bewegt und erstaunt, wie Sie aus meiner eher kargen Schilderung die wesentlichen Schwerpunkte meiner Entwicklung herauslasen, und für Ihre so tiefen Ausführungen über den Sinn menschlichen Leidens danke ich sehr.

Uns war noch keine Abkühlung durch ein Gewitter beschert, und so sitze ich hier in der überaus drückenden Schwüle, die sehr meiner inneren Gestimmtheit in bezug auf unser Thema entspricht, und will mich nun gleich «in medias res» begeben!

In Ihrem vorletzten Brief sprachen Sie von einem Phänomen, das Sie gerne einem österreichischen Vergleich aussetzen würden: Der Ausgrenzung der Frommen durch die dem Zeitgeist angepaßten lauten Wortführer und der in der Folge entstehenden Abspaltungen glaubenstreuer Gruppen, für die Sie auch etliche Beispiele aufzählten.

Am besten gefiel mir folgender Satz: «Sollte die berechtigte Kritik der ausgegrenzten Rechtgläubigen an gefährlichen Auswüchsen nicht eher «dialogwürdig» sein als «Dialoge» mit den (für mein Gefühl) viel zu wohlwollend tolerierten Zersetzern des Glaubens und der Kirche?»

Ach ja, diese Sache mit dem so viel zitierten und oft so falsch verstandenen «Dialog» in einer «geschwisterlichen, weltoffenen, durch Pluralismus gekennzeichneten» Kirche. Hier haben wir die gleichen Probleme! Aber gegen die Ausdünnung der Kirche aufgrund solcher

Tendenzen hat bei uns durch das Eingreifen des Papstes eine Gegenbewegung in der «Amtskirche» eingesetzt, die erkennen läßt, wie sehr unser Oberhaupt die Gefahr durchschaut hat!

Bei seinem ersten Österreichbesuch im Jahre 1983 nahm der Heilige Vater seinen Aufenthalt zum Anlaß, der Kirche der Alpenrepublik die Richtung zu weisen. Es ging um die von ihm geforderte Neuevangelisierung, also um die Erneuerung der Kirche aus den Quellen von Schrift und Liturgie, wohlgemerkt *nicht* um eine modische Anpassung in überzogener Demokratie und vergötztem Pluralismus, sondern darum, die geistliche Dimension der Kirche zu erkennen und zu akzeptieren.

Mit Hilfe der seither ergangenen Bischofsernennungen sollte es zu einer Kurskorrektur des liberalen Stils des österreichischen Klerus kommen. Die erste Periode kam 1985 mit der Ernennung von Erzbischof Cecchini zum Apostolischen Nuntius in Wien zum Tragen, dessen oberste Maxime Treue und Gehorsam gegenüber dem Papst waren.

Wenige Monate danach erfolgte das Ausscheiden des Wiener Erzbischofs, Kardinal König, der diese Diözese fast 30 Jahre lang geleitet hatte; sein Nachfolger wurde 1986 der Benediktinerpater Dr. Hans Hermann Groer, Direktor des Knabenseminars in Hollabrunn und Initiator der seit 1969 bestehenden Monatswallfahrt (jeweils am 13.) nach Maria Roggendorf (NÖ). Sein sehr marianisch geprägtes Apostolat dort hatte reiche Früchte getragen, und Maria Roggendorf war zum Zentrum einer heute in ganz Österreich und Süddeutschland verbreiteten Wallfahrtsbewegung geworden. Wegen seiner «allzu katholischen» Erziehungsmethoden in seinem Seminar hatte sich Groer 1974 vor Kardinal König und einem umfassenden Gremium der Diözese verantworten müssen. Das hatte zur Folge, daß sein Aufenthalt im Diözesanklerus nahezu unmöglich geworden war. (Er trat dann in das Benediktinerstift Göttweig ein.)

Und nun, nur zwölf Jahre danach kehrte der aus dem diözesanen Establishment Vertriebene zurück, um an die Spitze des Erzbistums zu treten. Es kam zu freudigen Begrüßungen, aber ebenso zu manch' schmerzlichem «Aufgeheule» in ganz Österreich, doch die Situation schien sich bald wieder zu beruhigen: Der glaubensstarke Kirchenmann wurde schon bald zum beliebten Volksbischof bei den Wienern, der sich freimütig für einen kollegialen Stil einsetzte und das Konzil als ein «unschätzbares Gut» bezeichnete, das in seiner spirituellen Dynamik noch gar nicht allgemein erkannt worden sei.

Als Papst Johannes Paul II. dann im März 1987 Univ. Prof. Dr. Kurt Krenn zum Wiener Weihbischof berief, gab es neben den üblichen Protesten ebenfalls zahlreiche positive Stimmen, die darauf hofften, daß er gegen die gesamte Macht der linksliberalen Medienmacher im deutschsprachigen Raum antreten und auf Kosten der eigenen Person alles tun werde, um der vollen Wahrheit der Lehre Christi wieder Gehör zu verschaffen.

Doch es kam zum Eklat: 17 der insgesamt 20 Wiener Dechanten protestierten öffentlich gegen den Weihbischof, und der damalige Vorsitzende der österreichischen Bischofskonferenz, Erzbischof Dr. Karl Berg, tat kund, man werde von der bisherigen pastoralen Linie nicht abrücken. (So waren z.B. die österreichischen Bischöfe in der «Maria Troster Erklärung» den kirchlichen Anweisungen bezüglich künstlicher Empfängnisverhütung nicht gefolgt und hatten stattdessen dem persönlichen Gewissen der Gläubigen die Letztentscheidung überlassen, obwohl dies die Enzyklika «Humanae Vitae» ausdrücklich untersagt hatte.)

Bei ihrem Ad-limina-Besuch im selben Jahr ließ der Papst die österreichischen Bischöfe wissen, er wünsche sich von ihnen mehr Widerstandsmut in gesellschaftlichen Auseinandersetzungen und weniger «Pastoralismus», wie er in Österreich seit Jahrzehnten in besonderer Weise gepflegt werde.

Noch vor dem zweiten Papstbesuch 1988 kam es also zu einer gewissen Abschwächung der genannten «Maria Troster Erklärung». Die Massenmedien beeilten sich daraufhin, den Papst als unverbesserlichen Reaktionär darzustellen und sich besonders auf seine Aussagen zur Sexualmoral zu stürzen; doch dem Heiligen Vater gelang es durch seine ruhige, menschliche Art und seine tiefe Frömmigkeit, innerhalb dieser wenigen Tage seines Besuchs in der Öffentlichkeit einen Stimmungswechsel herbeizuführen.

In der Folge kam es zu weiteren Ernennungen: Dr. Georg Eder löste den in Salzburg scheidenden Erzbischof Dr. Berg ab, der bisherige Generalvikar von Opus Dei, DDr. Klaus Küng, wurde Bischof von Vorarlberg.

Reporter und Redakteure der Boulevardpresse waren eifrig bemüht, den neuen Bischöfen möglichst provokative Aussagen zu entlocken; diese aber bekannten sich ruhig und öffentlich zu ihrem Glauben und betonten ihre Loyalität zum Papst.

Nach dem Tode von Nuntius Cecchini wurde Erzbischof Dr. Donato Squicciarini zum neuen Apostolischen Nuntius berufen. In seine Amtszeit fällt die in den Medien so umstrittene Ernennung Dr. Kurt Krenns zum Bischof der Diözese St. Pölten. Der von allen deutschsprachigen Print- und TV-Medien genauestens verfolgte und oft manipulativ dargestellte Kampf der in Österreich bestens bekannten Kirchenfeinde und -kritiker dürfte ja allgemein bekannt sein...

Nachfolger Krenns in Wien wurde Dr. Christoph Schönborn, Redaktionssekretär des Weltkatechismus und treuer Mitarbeiter des Papstes. 1993 folgten dann die jüngsten Ernennungen: Dr. Paul Iby wurde Bischof v. Burgenland, Dr. Heinrich Fasching Auxiliarbischof der Diözese St. Pölten. Beide Ernennungen wurden sogar von den Medien positiv bewertet!

Seit 1945 verfügte ja jede Diözese über ein eigenes Medienorgan. Unglücklicherweise verwendeten schon bald liberale Kräfte die Definition der Kirchenzeitungen, sie sollten «Stimme der ganzen Diözese sein», als Lizenz dafür, um in manchen Blättern verstärkt gegen den Papst und einzelne Bischöfe zu agieren. Die immer stärker werdende Polarisierung innerhalb der Kirchenpresse sorgt vor allem unter den Gläubigen für zunehmende Verwirrung. Von hier gehen gezielte Bemühungen aus, mit dem Schrei nach Demokratisierung die Hierarchie der Kirche und ganz gewiß das Papsttum abzuschaffen.

Das bekannteste antirömische Blatt ist das seit 1987 bestehende «Kirche Intern – Forum für eine offene Kirche». Es wurde in der Folge der Proteststürme gegen Bischof Krenn gegründet und wird vom pensionierten Priester Rudolf Schermann herausgegeben, der in einer TV-Diskussion den Papst u.a. als «Diktator» bezeichnet hatte. Auf die Aufforderung Kardinal Groers, diese Aussage möge sofort und uneingeschränkt widerrufen werden, erschien statt einer Entgegnung in der Zeitung ein Beitrag unter dem Titel: «Der Papst und die Macht: Ketzerische Bemerkungen zur herrschaftlichen Amtspraxis Johannes Pauls II».

Auch in moraltheologischen und dogmatischen Fragen stellt sich die Zeitung immer wieder vehement gegen Rom; Höhepunkt ist der jüngste öffentliche Aufruf, man möge doch dafür beten, daß das «Alptraum-Pontifikat» Karol Wojtylas ein baldiges Ende nehmen möge!

«Kirche Intern» steht die ebenso bejubelte wie zutiefst verhaßte Zeitung «Der 13.» gegenüber. Sie wird von Dr. Engelmann und Sohn herausgegeben, steht treu zum Papst und seiner Kirche und verteidigt mutig immer wieder die angegriffenen Bischöfe, allen voran Bischof Krenn. Bewußt im Boulevard-Stil gehalten, erreicht sie ca. 8000 Abonnenten (zum Vergleich: «Kirche Intern» hat 12000 Abonnenten mit einem eigenen Förderkreis).

Die meisten anderen katholischen Publikationen treten gegenüber diesen beiden in den Hintergrund.

Ich denke, daß dieser etwas umständliche Exkurs bereits klar aufzeigt, wie auch hierzulande mit «glaubenstreuen Bekennern» umgesprungen wird. Wie schwierig die Situation mancher Priester ist, habe ich ja bereits im Brief vom 23. Juli umrissen. Aber der Kampf geht in Österreich gegen die Papstkirche insgesamt und gegen ihre hauptamtlichen Vertreter. Sie hat also noch einen starken, standfest verteidigten Kern, wenn auch gelegentlich rechtgläubige Laien dennoch in die Gefahr geraten, ausgegrenzt zu werden. Folgendes Beispiel mag das belegen:

Eine charismatische Gebetsgemeinschaft mit Teilnehmern aus der ganzen Steiermark, die sich einmal pro

Woche zur eucharistischen Anbetung und zur Heiligen Messe versammelt, sich *streng* am offiziellen Lehramt der Kirche orientiert und loyal zum Papst steht, darf offen von Theologen (u.a.!) als «zu verurteilende, unbedingt abzulehnende sektiererische Abspaltung» bezeichnet werden, andererseits aber wird beim offiziellen «Tag der Steiermark» (Juni 1993) das Lieblingskind der liberalen Medien, Eugen Drewermann, ganz offiziell (ach, wie sind wir doch so tolerant und aufgeschlossen!) von der Kirche eingeladen, vor hunderten, wenn nicht tausenden (der Vortrag wurde auf Band mitgeschnitten und weitergegeben) Menschen auf dem Schloßberg zu sprechen. Wen wundert es, daß das Presse-Echo zum gesamten Geschehen enthusiastisch war!

Ein anderes Beispiel: Eine katholische Lehrerin, verheiratet und selbst Mutter, entsetzt sich darüber, daß die dem geistlichen Stand angehörende Direktion einer katholischen Privatschule den Jugendlichen offen Kondome und andere Verhütungsmittel empfiehlt. Ihre Proteste werden nicht ernstgenommen oder als «weltfremd» und «super-fromm» abgetan. Mit nur zwei bis drei Gesinnungsgenossen findet sie sich vom übrigen Lehrkörper ausgeschlossen.

Ein anderes Beispiel: Ein junger Buchhändler, Leiter der theologischen Abteilung einer katholischen Buchhandlung, kann es nicht länger verantworten, aus rein wirtschaftlichen Gründen auch glaubensfeindliche Bücher verkaufen zu müssen. Er überlegt sich eine andere realisierbare Möglichkeit in bezug auf die Finanzen, macht eine Eingabe bei der nächsthöheren Instanz (was ihm den Unmut der Kollegen zuzieht) und findet sich wenige Wochen nach einer ihn als «intolerant» bezeichnenden Standpauke mit dem Entlassungsschreiben auf der Straße wieder.

Oh, und ich wüßte noch so manches andere mehr!

Wenn Sie mich also nach dem Ausgegrenztwerden der Glaubenstreuen in Österreich fragen, so muß ich Ihre Beobachtungen aus Deutschland bestätigen. Auch bei uns hat es längst begonnen, das «De Papa nil nisi male!»[4], und das unter dem so schönen Deckmantel des «Ecclesia semper reformanda»[5]. Gehört nicht auch die feministische Theologie in dieses Feld? Darf ich Sie an Ihr Versprechen erinnern, mir darüber zu schreiben?

Was bleibt uns anderes, als das fortwährende dringende Bitten um die Gabe der Unterscheidung der Geister!

Herzlichst! Andrea

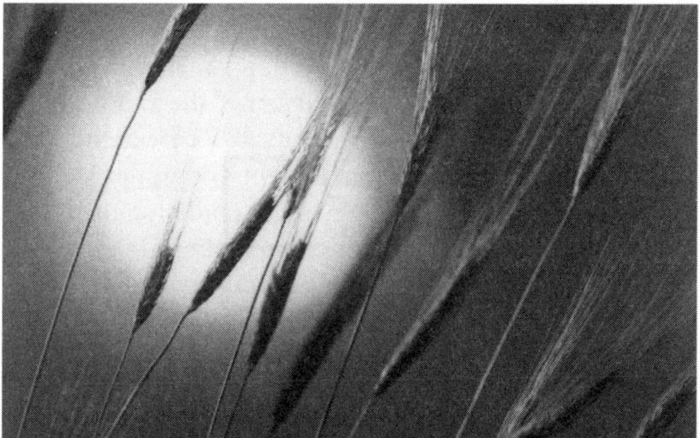

Uelzen, am 28. Juli 1994

Liebe Andrea,

Dank für Ihren so prompten neuen Hitzebrief. Man kann daraus schließen: Nicht nur in der Atmosphäre des Luftraums, sondern auch im Geist-Raum geht es bei Ihnen in Österreich hoch her!

Vor allem vermittelt mir Ihr Brief den Eindruck, daß bei aller Schärfe des neuen Kulturkampfes die innerkirchliche Verteidigung doch noch (und besonders durch die dezidierte Personalpolitik des Vatikans) recht gut funktioniert. Die Aushöhlung von innen ist ja das so besonders Makabre in unserer Situation; denn es ist schließlich ein fundamentaler Irrtum, wenn die Demokratisierer meinen, sie könnten unsere Kirche erneuern, indem sie die Amtsträger ausschalten!

Nicht einmal im weltlichen Bereich hat je eine Revolution dieser Art ihr Ziel auch nur annäherungsweise erreicht. Im Gegenteil: Je gewaltsamer die Entthronung der Mächtigen war, um so rascher sproß eine unmenschliche, brutale Diktatur aus dem Boden! Könnte der Mensch aus diesen historischen Fakten nicht endlich einmal den Schluß ziehen, daß Monarchie von Gottes Gnaden, daß Hierarchie zu den gesellschaftlichen Vorgaben des Menschen gehören?

Gewiß gehört dazu, wie es die Kirche schließlich auch verwirklicht, ein Beratergremium mit erheblichen Vollmachten, um eine Sicherung gegen ein durch Machtrausch verrückt gewordenes Oberhaupt zu haben; aber der «Herrscher von Gottes Gnaden» hat grundsätzlich die meiste Chance, segensreichen, echten Fortschritt und

Prosperität zu erwirken. Und die Vorgaben in dieser Hinsicht sind für unsere Kirche schließlich durch das Evangelium eindeutig festgelegt.

Zwei Mißstände in der Kirche empfinde ich als besonders elend: Wenn Kleriker aus Anbiederung an den Zeitgeist die ihnen vorgegebene Haltung verleugnen, wenn sie die Positionen des Zeitgeistes unterstützen: aus opportunistischer Schwäche, aus Bedürfnis nach Ansehen bei den Medien (und damit Machtzuwachs in der Welt). Und wenn Laien (als Pfarrgemeinderäte und Synodenvertreter etc.) helfen, das Gefüge der Kirche zu zersetzen.

Diese Revoluzzer gehören freilich oft in die Gruppe derer, die nicht im mindesten durchschauen, was sie tun. Sie sind von der naiven Vorstellung beseelt, die Kirche auf jeden Fall verändern zu müssen, und da «Demokratie», «Pluralismus» und «Quote» nun einmal in aller Munde sind, muß man dergleichen eben auch in die Kirche «einbringen».

Den Antrieb bildet meist auch nicht irgendein Mißstand, sondern klammheimlich und ganz unbewußt das Bedürfnis nach Ausweitung der eigenen persönlichen Machtbefugnisse mit dem trivialen Begleitwunsch, den derzeitigen Amtsinhaber zu entthronen und etwaige Konkurrenten auszuschalten. Da geht es zu wie bei den typischen Rivalitätskämpfen der höheren Säugetiere – nur haben die dort einen arterhaltenden Sinn!

Seine tierische Brutalität im Raum der Kirche auszutoben, erscheint mir immer besonders widersinnig, weil Offenbarung auf die Überwindung dieser unserer Ureigenschaften aus ist. *Hier* kann Psychologie als Hilfswissenschaft dienen, indem sie das Unchristliche, das Vorchristliche solchen Verhaltens ins Bewußtsein bringt.

Im Grunde trifft das auch auf die feministische Theologie zu (so, jetzt sind wir endlich bei dem Thema, das Sie im letzten Brief anmahnten!). Auch hier geht es ganz unverkennbar um die Macht, und zwar die vehement eingeforderte Macht der Frauen in der Welt. Und deshalb sollte, so meinen die Protagonistinnen, erst einmal die Bibel umgeschrieben werden, da sie ihrer Meinung nach eine Dokumentation des Patriarchalismus sei.

Die feministische Theologie ist mit diesem Ansatz eigentlich nichts besonders Eigenständiges. Sie ist damit ein Teil der feministischen Bewegung und empfängt wie sie ihre Hauptstoßrichtung aus den marx'schen Entmachtungsideen: Benachteiligung soll durch Entmachtung der Ausbeuter abgeschafft und so das Zeitalter der Gerechtigkeit eingeläutet werden. Frauenschicksal grundsätzlich als Benachteiligung zu verstehen, steht deshalb am Beginn aller dieser Umtriebe.

Beim Feminismus tritt die Unlogik des Kampfzieles besonders kraß in den Vordergrund: Jedenfalls fällt es den streitbaren Frauen nicht auf, daß nach der gewonnenen Schlacht durch Entmachtung der Männer die *Er*mächtigung der *Frauen* nicht weniger Ausbeutung zur Folge haben wird. Oder glauben die kämpferischen Damen, sie würden lammfromm auf weitere Machtausübung verzichten, wenn der Kampf um die Macht erst einmal gewonnen sei? Das scheint mir wenig realistisch.

Es ist allgemein eine ziemlich sicher wirksame Möglichkeit, Menschen unzufrieden zu machen und ihr gewecktes Unbehagen dann in umstürzlerische Kanäle zu lenken, indem man ihnen deutlich macht, wie wenig zufriedenstellend ihre Lage ist. Sie ist irgendwie schließlich allemal unzureichend! Und irgendwer hat es, wenigstens scheinbar, wesentlich angenehmer als man selbst – ungerechterweise!

Es ist so wichtig, daß dieser Denkansatz klar wird und damit auch sichtbar, warum sich so viele Menschen aggressiv aufputschen und vor den marxistischen Karren spannen lassen: Es handelt sich um eine Ideologie des Neides, und für den sind wir alle seit Kains Tagen anfällig und schleppen ihn (durch geschwisterlichen Konkurrenzkampf um die Liebe der Eltern bedingt) nur allzuoft unreflektiert mit in unser Erwachsenenalter hinein. Psychisch frustrierte, zu Neidhammeln verzogene Seelen wegen einer persönlichen Benachteiligung aufzuhetzen, gelingt deshalb nur allzuleicht auf Anhieb!

Das sind die psychischen Wurzeln des Feminismus und der feministischen Theologie. Ihre Entwicklung beschreibt übrigens in einer tiefgreifenden Analyse der junge Theologieprofessor Manfred Hauke komprimiert in seinem jüngsten Werk «Gott oder Göttin, Feministische Theologie auf dem Prüfstand» (im mm-Verlag 1993) ganz hervorragend. Den muß ich Ihnen spätestens zu Weihnachten schenken, liebe Andrea. Ich empfehle Hauke als Pflichtlektüre allen, die es drängt, sich mit diesem Thema zu befassen.

So schreibt er z.B.: «Der geistige Ursprung des modernen Feminismus liegt in einer Radikalisierung des Marxismus. Maßgeblich war dabei die Studentenbewegung am Ende der 60er Jahre. Die enge Allianz zwischen Neomarxismus und Feminismus, für die z.B. Herbert Marcuse eintrat, setzt sich fort in der feministischen Theologie. Wie maßgebende feministische Theologinnen betonen, sind sie von marxistischen Denkansätzen stark beeinflußt und suchen politischen Anschluß an den Sozialismus» (S. 45 ff).

Daß der Sozialismus, eine gescheiterte atheistische Ersatzreligion, mit dem christlichen Menschenbild unvereinbar ist, das aber sollte allen Christen, die sich mit der feministischen Theologie einlassen, allmählich wirklich deutlich geworden sein, denn «das marxistische Menschenbild kennt keine vorgegebene Natur der Frau oder des Mannes, sondern nur biologisches Material, das sich aber durch gesellschaftliche Einflüsse auf die universale Gleichheit hin praktisch unbegrenzt formen läßt» (Hauke S. 24).

Jeglicher realer Sozialismus strebt deshalb die Abschaffung der Familie, die gleichartige Eingliederung von Mann und Frau in die Arbeitswelt und die öffentliche Kindererziehung an. Da das im Ansatz falsch ist, ist der Ostblock eben auch so furchtbar gescheitert; vor allem aber ist dieses Menschenbild konträr zum biblischen! Deshalb wollen die feministischen Theologinnen so ganz und gar nichts mit Maria zu tun haben (sie sei eine domestizierte Göttin), und suchen stattdessen nach einer Reanimierung alttestamentarischer Göttinnen, ungeachtet der Gegebenheit, daß deren Anbetung von Jahwe dort auf das furchtbarste bestraft wird!

Spitzfindig versuchen sie, die Ausführungen über die Weisheit in den Sprüchen zu Sophia als Personalität umzudeuten. Und ihrem Apostel Marx getreu, gibt es für die feministische Theologie (fast ohne Ausnahme) nur irdische Paradiesgewinnung (*selbst* erkämpfte) und nicht etwa Hoffnung auf ein ewiges Leben von Gottes Gnaden.

«Die moderne revolutionäre Hoffnung kann die Auferstehung der Toten nicht zusagen; sie kann nur zusagen, daß unsere Enkel irgendwann bessere Tage sehen werden», formuliert Rosemary R. Ruether, Professorin an einer protestantischen Hochschule in den USA (zitiert nach Hauke, S. 208).

Ach, liebe Andrea, ich bin mir sicher, daß es Zeitverschwendung ist, sich intensiver in die Literatur der feministischen Theologie einzuarbeiten.

Ich habe das zwar getan, um mir deren Argumentation anzueignen und sachgerecht antworten zu können; aber letztlich handelt es sich auch hier doch nur wieder um eine Facette der alten Adamsünde: Es ist ein Protest gegen die Vorgaben des Schöpfers und der törichte Versuch, die Sache mit der Zukunft, ja die Sache mit der Gerechtigkeit allein in die Hand des Menschen zu legen.

Aber schon mit dem Gleichheitsmodell von Mann und Frau klappt es halt doch nicht! Der Mann ist als Beschützer, als Ernährer, als Verteidiger angelegt, und die Frau kann nun eben nicht ihre Verpflichtung und ihre Begabung zur Mutterschaft wie ein «Rollenkleid» abstreifen... Sie ist allenfalls durch die Großmutter, aber sonst kaum (und ganz gewiß nicht durch den Hausmann, womöglich gar mit Stillbusenhalter!) ersetzbar. Es geht nicht: Groß- und Kleinexperimente haben das ebenso bewiesen wie die schlechteren Ergebnisse des Eintopfs der Gesamtschule!

Und das liegt wissenschaftlich erwiesen daran, daß viele der Verschiedenheiten der Geschlechter sich gerade bei ihren unterschiedlichen Aufgaben am Kind zu einer kunstvollen Komplementarität zusammenfügen. Weil das alles auf einem sinnreichen Plan des Schöpfers basiert und weil der in der Bibel sehr eindeutig offenbart ist, ist es törichte Anmaßung, die Bibel nach feministischer Maßgabe umzudeuten.

Wären wir Frauen uns nur der unendlichen Gnadengaben bewußt, die Gott sich für uns ausgedacht hat, würden wir uns nur als des Schöpfers geliebte Töchter erleben können, so hätten wir es nicht nötig, nach der «Heiligen Geistin», nach «Jesa Christa» und dem «Mutter unser» zu rufen.

Wir modernen Frauen täten gut daran, dem großen Vorbild der Maria nachzulauschen. Da gibt es genug für uns zu tun, um uns mit einer frau-typischen Haltung, die gleichzeitig Gottesgehorsam ist, in unsere Welt mit ihren Problemen einzubringen! Ich will das im einzelnen hier nicht wiederholen. Sie haben ja meine Arbeiten dazu ganz gewiß gelesen, liebe Andrea.

So, nun ist wieder ein heißer, herrlicher Feriennachmittag vorüber. Das Gewitter brachte kaum Regen und wenig Abkühlung, und ich habe noch viel zu tun, um all die durstigen Pflanzen unseres Gartens zu tränken. Aber während es leicht ist, den voll erblühten Rosen und Dahlien Kraft zu geben, sehe ich voll Sorge, daß die ältesten Bäume, die Blautannen, breitflächig ihre Nadeln abwerfen. Was unbrauchbar geworden ist, können und dürfen sie nicht weiter mitversorgen, wenn das ganze Unternehmen Blautanne erhalten bleiben soll. Ich leite meinen Wasserschlauch an die Wurzeln und lasse das kostbare Naß in ihr Zentrum einfließen. Wird das helfen?

Liebe Andrea, haben Sie noch Lust zu mehr?

Ich grüße Sie herzlich!

Ihre Christa Meves

Graz, am 28. Juli 1994

Liebe Christa Meyes,

nun ist er also endlich gekommen, der so gespannt erwartete Feminismus-Brief. Vielen Dank dafür! Ich gestehe, daß er ein gänzlich undiszipliniertes Verhalten bei mir hervorgerufen hat: Als beim Heimkommen mein erster Blick auf das Faxgerät sein Vorhandensein bestätigte, wurde alles andere stehen- und liegengelassen, ein Fertiggericht in aller Eile in den Mikrowellenherd befördert, und gelesen.

Indem ich mir auf völlig unkultivierte, ja geradezu unmanierliche Art das Abendessen zu Gemüte führte, versuchte ich angestrengt, die von Ihnen so klar dargelegten, meinem Geist aber dennoch so elendiglich fremd bleibenden Prämissen und Haltungen des Feminismus bzw. der feministischen Theologie zu verstehen. Ich fürchte, vergeblich! Was soll dieser ganze Unsinn von wegen «biologischem Material, das sich durch gesellschaftliche Einflüsse auf die universale Gleichheit (von Mann und Frau) hin praktisch unbegrenzt formen läßt...»?

Ja, ist denn diesen Menschen, die solches proklamieren, der allerletzte Rest von Instinkt und Verstand abhanden gekommen? *Fühlen* sie denn nicht die Vergewaltigung der menschlichen Natur in diesen Worten? Mir stellen sich sämtliche seelische Igelstacheln auf, wenn ich das bloß lese!

Und was für eine Art von Theologie soll das sein, wenn das Herzstück unseres Glaubens, die *Auferstehung*, geleugnet wird? Und Maria, meine so geliebte Muttergottes, sie soll eine *«domestizierte Göttin»* sein? Ich danke!

Mein Instinkt in bezug auf den Feminismus hat mich also nicht getäuscht, und von jeglicher Neugier oder gar Diskussionsbereitschaft über diesen Ansatz bin ich restlos kuriert! Das ist nun *wirklich* zuviel!!!

Zwei Philosophen fielen mir in diesem Zusammenhang ein.

Zum einen Nietzsche mit seiner Geschichte, in der der Tor am hellen Mittag mit einer brennenden Laterne auf den Marktplatz geht. Die Leute fragen ihn: «Was soll das? Was willst du?» Er aber schreit: «Wir haben Gott getötet, und jetzt sind wir *frei*! Es ist zwar eiskalt und dunkel geworden in unserer Welt, aber wir sind *frei*...!»

Zum anderen Jean-Paul Sartre, der einmal sagte: «Der Mensch ist im Grunde die Begierde, Gott zu sein.»

Beides scheint mir auch auf den Feminismus bezogen werden zu können. Wenn die Frau sich selbst verliert, mit eigenen Händen ihre Seele erwürgt, stets im Sinne hat, ihrer höchsten Berufung, die der Weitergabe des Lebens, zu entrinnen, weil sie sie als «Falle Mutterschaft» (Simone de Beauvoir) erlebt – ja, wird dann die Welt nicht wirklich «eiskalt und dunkel»? Und ist das nicht eine dämonische Freiheit, in solcher Ungeborgenheit und Unbehaustheit zu leben? Eritis sicut Deus[6] – da ist er wieder, der Biß der alten Schlange!

Verzeihen Sie meine Vehemenz; gewiß steht es mir in meinem Alter nicht zu, solch' anmaßende Urteile zu fällen, aber ich finde das alles so durch und durch *widerlich, krank, abscheulich*!!! Nein, ich kann nicht verstehen, wie eine Frau so denken kann, und ich will es auch gar nicht können.

Ich habe ein anderes Urbild von Frau, ein anderes Vorbild, ein anderes Leitbild: ein junges Mädchen, eine ganz junge Frau, die so voller Offenheit, so voller Liebe war, daß Gott der Sehnsuchtskraft ihres Herzens nicht mehr widerstehen konnte und sie erwählt hat zum lebendigen Tempel Seiner Gnade, würdig, seine Mutter zu sein – Maria!

Ich sehe sie dreifach: Als Tochter des Vaters, als Braut des Geistes, als Mutter des Sohnes, aber sie ist so viel mehr! Die Vorstufe des Heiles, die Mutter der Barmherzigkeit, das vollkommene Urbild der Kirche! Von Anfang an frei von der Erbschuld, ist sie der *ganz unversehrte* Mensch im Plan Gottes, der Gefäß sein kann für eine große Berufung, die sich vollzieht in jener Stunde, in der sie hineingenommen wird in das Leben des dreifaltigen Gottes, in welches sie zurückkehrt nach ihrer Vollendung: mit Leib und mit Seele.

Maria ist keine Frau, die sich produzieren und darstellen muß; Maria singt keine sozialistischen Kampflieder wie die Feministinnen, das Magnificat umdeutend, uns weismachen wollen, sie lobt nicht sich selbst – aber sie jubelt über die Größe Gottes und dankt für ihr eigenes Sein. Maria hat kein Interesse an Emanzipation, sondern sie bindet sich bewußt an Gott und wird so zum wahrhaft freien Menschen dieser Welt...

In Maria finde ich den Geist Gottes: mit Seiner Kraft, Seinem Rat, Seinem Licht. Wo Maria ist, dort gibt es keinen Verrat und keine Ratlosigkeit, aber es gibt Fürsprache, Liebe und wärmenden Trost. In Maria finde ich Hingabe und Gehorsam: «Es soll mir geschehen, wie du es gesagt hast!»

Bei ihr finde ich wahre Menschenwürde: «Tota pulchra es, Maria!»[7] Mit ihr erhalten auch wir ein neues Gesicht.

Maria lehrt mich, daß Gott nicht auf die Berge schaut, sondern in die Täler blickt; sie gibt mir vor, daß ich kleine Schritte gehen muß, um eine große Verheißung zu erfüllen, daß es bescheidene Anfänge sind, aus denen hohe Ziele erwachsen, daß nicht Leistung zählt, sondern Erwählung. Maria lehrt mich zu schweigen, damit Gott sprechen kann, in Demut zu verharren, damit Gott mich tragen und führen kann, gehorsam zu sein, damit Gott mir Seine Liebe schenken kann. Maria ist mein Vorbild im Zeugnis für Christus, im Beistehen der Menschen, im Suchen des Nächsten. Ich verfolge ihren Weg und sehe, wie sie sich selbst verliert, um den Sohn zu finden; wie sie verfügbar ist, wo sie gebraucht wird; wie sie ganz arm wird, ganz leer, grausam beraubt sogar des einzigen Kindes, und doch immer mehr ein Abbild Gottes: Vergeistigt. Verschenkt. Treu.

Nein, ich habe kein Verständnis für jegliche feministische Theologie! Aber ich wünschte leidenschaftlich, daß jedes Mädchen, jede Frau unserer modernen Welt neu entdecken könnte, sich an Maria auszurichten.

Das wäre ein Neuanfang, das wäre Fortschritt!

Können Sie verstehen, was ich mit all diesem sagen möchte? Bestimmt. Sie kennen mich ja schon viel zu gut... Oh, und dann fragen Sie mich, ob ich «Lust hätte zu mehr»? Was soll ich darauf sagen? Daß das mit bloßem «Lust haben» nichts zu tun hat, aber mit so viel, so großer, so tiefer Dankbarkeit für das, was Sie mir schenken und was mir durch Sie geschenkt wird?

Ein freudiges «JA!» rufe ich Ihnen da nur zu!

In aller Liebe!

Ihre Andrea

Uelzen, am 28. Juli 1994

Liebe Andrea,

allzu lang kann mein Brief heute vermutlich nicht werden; zu viel Unaufschiebbares muß erledigt werden; und dann schwirrte da noch wider alle Abmachung ein Patient ein, großäugig vor Not angesichts eines Starts in die Ausbildung, der Notwendigkeit, sich aus einem elterlichen Elfenbeinturm in die rauhe Welt abzuseilen und selbständig zu werden. Vom Therapeuten wird dann so etwas wie die Erstellung eines psychischen Fahrstuhls erwartet. Aber man muß als flügger Vogel eben selber losfliegen, das ist die Voraussetzung dafür, daß der Start gelingt. Das ist obligatorisch!

Auch hierin gibt uns Christus ja die rechte Orientierung, indem er zu seiner Mutter sagt: «Wußtest du nicht, daß ich das tun muß, was mir mein himmlischer Vater aufträgt?» Maria wußte, ja zumindest ahnte sie das sehr genau, aber es überwog in dieser Situation mit dem noch so jungen, dem zwölfjährigen Jesus ihre mütterliche Sorge um das Wohl des Kindes! Und auch mit dieser Reaktion erweist sie sich als die Mutter der Mütter!

Und damit bin ich immerhin erst einmal bei Ihrem letzten Brief, der mich so bewegt hat, zeigt er doch eine geradezu hymnische Marien-Verehrung. Wie das – Sie junge Gelehrte, ist das nicht etwas für Ewig-Gestrige? Für ein paar unverbesserliche, verkitschte Alte? Geraten Sie damit nicht bei Ihren Kolleginnen und Jahrgangsgenossinnen in die Isolation?

Ich habe bei jungen Katholiken, sogar bei Kaplänen und Priesteramtskandidaten, so traurig viel Ablehnung von Maria erlebt. Ihre Verehrung sei eben zum «Kult» entartet. Man habe Christus dadurch ins Abseits gestellt, so wurde mir erklärt. Nun gut, Mißbrauch ist dort nie fern, wo es guten Brauch gibt, aber ist es nicht geradezu eine gefährliche Verarmung, sich von Maria wegzuwenden?

Maria lebte uns vor, wie man dieses «Jammertal» in Treue zu Gott bestehen kann. Können wir auf ein solches Vorbild verzichten? Wie wenig wir das können, zeigt der Abtreibungsboom, zeigt das blöde Getue der Feministinnen um die Machtergreifung über die Männer, zeigt die viele «Affenliebe» der Mütter zu dem einen Sohn, den sie nicht loslassen und dadurch neurotisch machen, zeigt all das Gieren nach der Frauenpriesterschaft und zeigt die unzureichende Tragfähigkeit angesichts von schweren Schicksalsschlägen wie dem Tod eines Kindes.

Sie haben so sehr recht, Andrea. Wir brauchen Maria, ganz dringend! Wäre es gang und gäbe, sie zu verehren und sich nach ihr auszurichten, es gäbe gewiß unendlich viel weniger seelisches Leid in der Welt! Und wenn unserer überheblichen Moderne nur allein auf den Gängen durch Museen und Kirchen die Augen aufgehen könnten, daß diese tausendfältige Darstellung der Maria mit dem Kind uns u.a. diese *eine* Botschaft als die dringlichste aller dringlichen einhämmern will: Ihr dürft die Pflege eurer Kinder nicht an irgendwelche «Bezugspersonen» delegieren! Eure Aufgabe ist dieses Kind, euer Glück, eure Hoffnung, euer Sinn, eure Zukunft!

Ach Andrea, nun fange ich auch schon an, hymnisch zu werden! Aber das war für mich, nachdem ich dieses Mutter-Kind-Mysterium erst einmal als obligatorisch erkannt hatte eine mich geradezu aufwühlende Erkenntnis: Daß im Christentum auch hier überzeitliche Wahrheit offenbart ist und daß ich infolgedessen derjenigen Konfession angehöre, in der dieses Wissen noch nicht verschüttet ist.

Ist es das wirklich nicht? Sie, Andrea, erfreuen mein Herz, indem Sie mir schreiben, wie wenig das bei Ihnen der Fall ist! Helfen Sie in Ihrem Wirkungsbereich so viel wie es nur möglich ist, daß die Bedeutsamkeit der Maria für unsere Zeit ins Bewußtsein tritt! Dann kann es auch mit den Müttern wieder gut werden, dann der Glaube (auch bei den Männern!) wieder an lebendiger Tiefe gewinnen!

Mir hat die Mantel-Madonna in unseren Domen oft den allergrößten Eindruck gemacht. In Würzburg sah ich eine mittelalterliche Wandzeichnung, bei der Marias Mantel die Zornpfeile Gottes abfing, während sich die verängstigte Schar der Menschen bei ihr einbarg. Ist das nicht auch zutreffend für unsere Situation heute? Ist es nicht denkbar, daß der doch so berechtigte Zorn Gottes über dieses unser so bitter sündhaftes Geschlecht nicht durch Marias großmächtige Fürbitte immer noch gnädiglich aufgehalten wird? Wie Sie singe ich mit Überzeugung die alten Marienlieder: oh ja, bitte: «Maria, breit' den Mantel aus!» Wir haben das so sehr nötig!

Die Zeit ist verflogen, vom Kirchlein läutet es zum Angelus. Möge sie gegrüßt sein, unsere Himmelskönigin!

Liebe Andrea, aber bevor ich diesen Brief einigermaßen eilig abschließe, möchte ich doch gern noch wissen: Sind Sie denn ganz und gar nicht angefochten vom emanzipatorischen Weltbild? Ist Ihre lange Universitätsausbildung für Sie nicht so etwas wie eine Garantie auf «Machtgewinn»? Ich erlebe in der Praxis immer wieder die Studentinnen, die mir sagen: «Gut, heiraten ja, ein bis zwei Kinder ja. Aber nie würde ich dafür aufgeben, auch nicht vorübergehend, was ich mir durch meinen Fleiß erkämpft habe: meine Selbständigkeit, meine finanzielle Unabhängigkeit von welchem Mann auch immer, die Hoffnung auf eine Karriere.»

Das kann doch alles für Sie nicht ohne Konflikte sein, oder doch?

Bitte seien Sie mir nicht böse, dies alles würde ich zu gern wissen...

Übrigens: Kennen Sie Gertrud von Le Fort? *Sie* ist mir ein wahrer Leitstern zu Maria gewesen!

Herzlich grüße ich Sie und hoffe auf Antwort – bald!

Ihre Christa Meves

Graz, 29. Juli 1994

Liebe Christa Meves!

Oh, was ist das doch für eine schwierige Frage, mit der Sie mich diesmal konfrontieren: Ob ich denn gar nicht angefochten sei vom emanzipatorischen Weltbild... Da beginne ich zuerst lieber mit den anderen, kürzer zu beantwortenden Fragen!

Gewiß, auch ich wurde (und werde!) regelmäßig mit der Ansicht konfrontiert, innige Marienverehrung sei etwas für «Ewig-Gestrige» und «unverbesserliche verkitschte Alte» (sowie für Ich-schwache, neurotische Jugendliche, versponnene religiöse Fanatiker, u.a.m.!).

Viele der Menschen, die solche Vorwürfe erheben, sind keiner vernünftigen, sachlich-theologischen Argumentation zugänglich (warum wohl?), und inzwischen halte ich es für die beste Strategie, die Leute einfach nur anzulächeln und zu sagen: «Ja doch, ich *bin* eine Art *Relikt*, das so gar nicht den Tendenzen der heutigen Zeit entspricht. Aber das stört mich nicht im mindesten! Und ich denke auch nicht im Traum daran, mir deshalb nehmen oder verunglimpfen zu lassen, was mir wert und heilig ist!» (Natürlich kam dann auch manchmal der Vorwurf «mangelnder Dialogbereitschaft» – ich habe ihn mit Fassung getragen! «Dialogbereitschaft» ist für mich keine Verpflichtung, alles «zerreden» und hinterfragen lassen zu müssen. Hat nicht auch Christus uns gewarnt, unsere Perlen jenen vorzuwerfen, die sie zertrampeln?)

Die zweite Frage wollte in Erfahrung bringen, ob ich mit meiner Marienverehrung (oder war etwa meine gesamte religiöse Einstellung gemeint?) nicht bei Kolleginnen und Jahrgangskameradinnen in Isolation gerate... Nun ja. Ich möchte es vielleicht so sagen: Es gibt nur sehr wenige Menschen, mit denen ich meine Glaubens- und Lebenshaltung wirklich teilen kann, aber diese Beziehungen sind dafür um so tiefer, verbindender und beglükkender.

Dann gibt es andere, ehemalige Studienkolleginnen z.B., die um meine Einstellung wissen und sie tolerieren (im stillen vielleicht auch über meine «Naivität» lächeln), selbst damit aber gar nichts anfangen können und auch nach Möglichkeit von jedweden «Predigten» meinerseits verschont bleiben möchten. Und da für mich jegliches aufdringliche Hausieren mit der eigenen Gläubigkeit unvereinbar ist mit einem klaren, schlichten Zeugnis für den Glauben (am richtigen Ort und zur richtigen Zeit), kommen wir eigentlich ganz gut miteinander aus bei unserem doch meist sehr losen Kontakt, denn ich bin eben wirklich zu «reliktartig» für die meisten Interessensgebiete meiner Altersgenossen, und umgekehrt ist für mich Zeit ein zu großes Gottesgeschenk, als daß man sie öfter als unbedingt nötig «verplempern» dürfte mit unwesentlichen Dingen wie z.B. mehrstündigen Diskussionen über Mode und den passenden Lidschatten oder den letzten Disco-Besuch. (Ich habe zeit meines Lebens keine Disco von innen gesehen; zu sehr verabscheue ich diese Art von Musik!)

Auch wenn es um «gesellschaftliches Leben» geht, pflege ich eher durch Abwesenheit als durch Anwesenheit zu glänzen, schon gar bei prunkvolleren, doch meist so seichten Veranstaltungen. Als ganz junges Mädchen durfte ich meine Eltern einige Male nach Norwegen begleiten. Wie aufregend war doch anfangs das Leben im

Corps diplomatique! Eine Glitzerwelt voller (äußerer!) Schönheit, mit fähnchengeschmückten Autos, livriertem Chauffeur und Hauspersonal...

Ich erinnere mich noch gut an einen der ersten Empfänge, an denen ich teilnehmen durfte. Nach aufwendiger Toilette schon etwas müde und aufgeregt, stand ich im Schlepptau meiner Eltern vor dem schönsten Buffet, das ich je gesehen hatte. Diskret einherschreitende «Hausgeister» versorgten jeden einzelnen mit französischem Champagner, die Stimmung stieg, und es bildeten sich locker umherstehende Gruppen, die in allen erdenklichen Sprachen lachend und scherzend «Konversation» (sprich: small talk) betrieben.

Einige Bekannte hatten mich in der Menge entdeckt und stolz «als Neuheit» rundherum vorgestellt, so daß ich mit geradezu auf dem Gesicht festgeklebten Lächeln in das große Frage-Antwort-Spiel mithineingerissen wurde, wobei ich immer wieder besorgt zu dem ach so schönen (und merklich schrumpfenden) Buffet hinüberäugte, hatte ich doch, eingedenk der angekündigten Genüsse, sogar auf das Mittagessen verzichtet.

Während des Gesprächs mit einem ausländischen Botschafter bewegte ich mich also möglichst diskret in Richtung Buffet: einen Schritt zurück, warten, bis er unbewußt nachkommt; einen Schritt zur Seite, warten, bis ... usw., wobei ich von dem angelbegeisterten Diplomaten mit einem ausgesprochen eigenwilligen Vortrag über die Fischbestände der norwegischen Gewässer beglückt wurde.

Endlich (und heimlich aufseufzend!) beim Buffet angekommen, konnte ich mir gerade noch das Lachen verbeißen, als der Fischbegeisterte mit Schwung ein

Kaviarbrötchen in seinen Mund befördern wollte, ein Großteil des aufgehäuften Kaviars aber ganz prosaisch auf seinem makellos-weißen Smokinghemd landete... Es sah aber auch zu komisch aus!

Mit der festen Absicht, nun *endlich* das Buffet zu genießen, klemmte ich also mein Täschchen unter den linken Arm und hielt in der linken Hand das Champagnerglas und eine Serviette und in der rechten ein winziges Tellerchen mit einem leckeren Brötchen. Nun war guter Rat teuer. Wo war bloß jene Hand geblieben, mit der ich sonst zu essen pflegte? (Tische gab es ja keine, auf die man etwas hätte stellen können!)

Ich entwickelte also folgende geniale Lösung: Das Täschchen blieb, wo es war; die linke Hand hielt das auf dem Tellerchen und der Serviette stehende (volle!) Champagnerglas, während die rechte das Brötchen zum Munde führen sollte. Gesagt, getan, und der erste herzhafte Bissen wollte auch vorzüglich schmecken, als ich mit Entsetzen feststellte, daß sich der 200 Kilo schwere Attaché X im Eiltempo auf mich zubewegte, wobei er keinerlei Anzeichen des so vielgerühmten «diplomatischen Fingerspitzengefühls» erkennen ließ, taktvoll über meine mißliche Lage hinwegzusehen.

Da stand ich nun also mit vollem Munde und ebenso vollen Händen, während er mir freudig bewegt seine Rechte entgegenstreckte... Eine reife Tomate hätte bestimmt wie ein gebleichtes Laken gewirkt neben der Farbe meines Gesichts! Nie wieder, so schwor ich innerlich zähneknirschend, würde ich mich bei derartigen Veranstaltungen auf ein Buffet einlassen! Ich verschluckte hastig den Rest des Brötchens, während ich meine Rechte säuberte und Glas und Teller kurzerhand einem erstaunten Hausgeist in die Hand drückte: «Merci beaucoup!», bei alledem durch einen Bericht des Herrn Attaché über die «sagenhaft gute Elchjagd in der Nähe von Bergen» wenig beglückt. (Ich kann es nicht leiden, Tiere zu töten, und nach Bergen fahre ich nur, um das Grieg-Museum zu besuchen...)

Jedenfalls: Es wurde ein langer Abend, nach welchem ich mit knurrendem Magen ins Bett fiel. Und mein Verhältnis zu derartigen Buffets (und nicht nur zu diesen!) ist seit diesem Zeitpunkt von einer gewissen psychischen Aversion geprägt. Das ganze sogenannte «Jet-set-Leben» ist eben nichts für mich, die Akzente und Gewichtungen sind einfach zu falsch gesetzt und meinen geistigen und spirituellen Interessen diametral entgegengesetzt. Was einige Tage lang vielleicht Spaß macht, verliert von Stunde zu Stunde mehr an Reiz, wenn man einmal durchschaut hat, was in erster Linie dahintersteht, und das ist nicht viel.

Es gibt so wenige wirklich tiefer gehende Beziehungen oder Gespräche; es geht immer nur um den äußeren Schein: strahlend-glitzernde Schönheit, wendige, aber nicht in die Tiefe gehende geistige Brillanz, in erster Linie zur Unterhaltung der Umstehenden eingesetzt, bei denen man sich so in den Mittelpunkt spielt, ausgeprägtes, wenn auch gut kaschiertes Konkurrenzdenken mit *viel* Neid und intrigantem Gerede, und das alles garniert mit small talk zur dritten Potenz!

Ich hoffe, das klingt jetzt nicht so, als ob alle meine Gespräche mit meiner Umwelt von enormem geistigen Tiefgang wären, keinesfalls!

Wenn die Beziehung stimmt, freue auch ich mich immer sehr über einen gemütlich verplauderten Nachmittag mit einer Freundin, wo wir miteinander auch die vielen Kleinigkeiten des fraulichen Alltags teilen und dabei schnurren wie zwei Kätzchen, die vor einer Schüssel mit Schlagsahne sitzen... Es ist immer das wesensmäßige Aneinander-Anteil-Haben, das den Ausschlag gibt; alles andere erwächst dann aus dieser Verbundenheit. Und wie herzlich müssen wir oft lachen bei solchen Gesprächen! Manchmal auch beim liebevollen «Hin-und-Her-Hackeln», wenn wir über etwas verschiedener Meinung sind.

Weiter fragten Sie in Ihrem letzten Brief, ob «meine lange Universitätsausbildung für mich nicht so etwas wie eine Garantie auf ‹Machtgewinn› sei...». Ich gestehe, daß ich über diese Frage jetzt noch völlig perplex bin! Noch nie kam es mir in den Sinn, eine weitere Ausbildung auf mich zu nehmen, um «Macht zu gewinnen»! (Oder spielen sich diese Motive alle auf einer unbewußten Ebene ab? Spricht da die Therapeutin?)

Doch hier wären wir wohl bereits bei der erfragten «Angefochtenheit vom emanzipatorischen Weltbild». Nun, ich persönlich halte mich für durchaus «emanzipiert» und sehr selbständig. Und ich habe auch nicht die Absicht, diese meine Selbständigkeit jemals aufzugeben... Doch bevor Sie jetzt womöglich erstaunt Luft holen, will ich Ihnen erzählen, was ich unter «Selbständigkeit» verstehe!

Unabhängig und selbständig ist für mich der Mensch, der sich rückbindet an den geoffenbarten, zeitlos-gültigen Gottesauftrag, der unabhängig ist von den mannigfaltigen Strömungen des Zeitgeistes und der eigenständig für die ihm heiligen Werte eintritt, wider allen Ansturm der Massen. *Das* heißt für mich Emanzipation!

Alles andere ist billiges Renegatentum um einen teuren Preis...

Wenn ich Sie richtig verstanden habe, liebe Christa Meves, dann hätten Sie auch gerne gewußt, wie ich mich beruflich und privat als Ehefrau und Mutter verhielte, wenn es um Dinge wie Karriere und Eigenständigkeit geht. Das ist nun ein gewisses Dilemma, in das Sie mich jetzt bringen! Es ist immer schwierig, über das eigene Verhalten zu urteilen, wenn es um eine Situation geht, die noch gar nicht eingetreten ist. Allzu leicht kann es passieren, daß man zuerst Wasser predigt und dann doch Wein trinkt!

Ich denke aber, daß ich es sehr ähnlich machen würde wie eine meiner Freundinnen, falls ich zur Ehe berufen sein sollte. Martina hat zuerst einmal studiert und ihren Doktor gemacht, bevor sie nach einer längeren Verlobungszeit (und damit meine ich eine Brautzeit, die noch keine eheliche Gemeinschaft ist) einen Kollegen geheiratet hat. Das junge Paar bekam drei Kinder: zwei Mädchen, jetzt 13 und 10 Jahre alt, einen Buben, jetzt sieben Jahre alt. Martinas einziges Karriereziel zu diesem Zeitpunkt war es, ihren Kindern eine gute Mutter zu sein, Zeit für sie zu haben, sie «liebessatt» zu machen.

Auf kluge, weitblickende und umsichtige Art erzog sie ihre Kinder und lebte hauptsächlich für ihre Familie, bis auch der Jüngste aus dem Gröbsten heraus war. Erst dann begann sie, am Vormittag stundenweise in der Praxis ihres Mannes mitzuarbeiten. Heute ist sie eine glückliche Familienmutter, die von allen um ihren Beruf, ihr harmonisches Familienleben und besonders ihre drei so wohlgeratenen Kinder beneidet wird. Auch heute noch rangieren ihre Kinder an allererster Stelle, und ich weiß,

Martina würde keinen Augenblick zögern, ihren Beruf wieder aufzugeben, wenn es die Situation erforderte. Auch auf die ihr so viel bedeutende Heilige Messe und Anbetung an den Wochentagen verzichtet sie sofort, wenn die Kinder sie brauchen, gewiß manchmal schweren Herzens!

Eine andere Freundin, Veronika, hat es ähnlich gehalten. Sie hat inzwischen vier prachtvolle, gesunde, glückliche Kinder und führt eine Bilderbuch-Ehe. Auch sie und ihr Mann verbrachten eine lange Brautzeit vor der Ehe: «Das schönste Geschenk, das wir einander haben machen können», wie sie mir einmal sagte.

Eine dritte Freundin, Elisabet, hat vor einigen Monaten ihr erstes Kind bekommen, unter sehr schwierigen Umständen (durch einen plötzlichen Todesfall in der Familie). An ihr erlebe ich gewissermaßen hautnah mit, wie opfervoll das Leben einer jungen Mutter mit einem Säugling doch *auch* ist, bei allem Glück über das Kind. Aber wie sehr sich diese leibnahe, stillend-bergende Liebe auch lohnt, ist dem kleinen Wonneproppen heute schon anzusehen...

Wenn ich also Kinder hätte, würde ich wohl auch eine sehr bewußte Entscheidung in diese Richtung treffen und alle außerhäuslichen Beschäftigungen für mehrere Jahre an den Nagel hängen. Unabhängig wäre ich ja trotzdem noch, allein schon durch die Tatsache, daß ich, falls es unumgänglich nötig wäre oder untragbare Zustände in der Ehe eintreten sollten, diesen nicht hilflos ausgeliefert, sondern durch meine berufliche Qualifikation durchaus befähigt wäre, mitzuverdienen bzw. mit meinen Kindern und für sie ein eigenes Nest aufzubauen.

Ich glaube nicht, daß ich mich durch die Jahre des ausschließlichen Familienmutter-Seins als unselbständiges, geistig nicht gefordertes Heimchen am Herd empfinden würde, das da vor sich hinkümmert und bedauernd allen anderen nachsieht, die «Karriere» machen (was immer das letztlich heißen mag!). Im Gegenteil! Alle meine Fähigkeiten, intellektueller wie musischer und handwerklich-kreativer Art, dürfte ich einbringen bei der Erziehung meiner Kinder, und das in einem so hohen Maß, wie es durch keinerlei «berufliche Verwirklichung» erreichbar wäre.

Sie sehen: Ich bin durchaus eine «emanzipierte» Frau!

Ich freue mich schon auf Ihren nächsten Brief und grüße Sie herzlich!

Ihre Andrea

P.S. Ja, Gertrud von Le Fort kenne ich auch. Ich nehme an, Sie beziehen sich mit Ihrem Hinweis v.a. auf ihr Buch «Die ewige Frau»?

Uelzen, am 29. Juli 1994

Liebe Andrea,

Ihr Brief heute – Dank, herzlichen Dank dafür! – versetzte mich einmal mehr in (hoffentlich nicht sprachloses) Erstaunen. Ja, Sie sind wirklich nonkonformistisch, Andrea, und ich wüßte doch allmählich gern, welche Geist-Führer im Jugendalter an Ihrer Seite waren, die Ihnen zu dieser Ein-Sicht verhalfen. Oder ist das alles eine Sache Ihres eigenen Nachdenkens gewesen?

Sie erzählen, daß man Ihnen gelegentlich den Vorwurf der «Dialogunfähigkeit» macht, wenn Sie sich zum christlichen Glauben und zur Marienverehrung bekennen. Nun, an unserem schönen Wochenende, ja an diesen Briefen ließ und läßt sich erkennen, wie absurd dieser Vorwurf ist. Aber das Wort «Dialog» bzw. «Dialogunfähigkeit» wird heute ja bereits gar nicht mehr sachlich gebraucht. Es wird vielmehr sehr oft mißbraucht als eine Aufforderung zum Tolerieren modernistischer Ansichten. Wird ihnen nicht die gleiche Gültigkeit zuerkannt wie den eigenen, so wird man mit dem Schlagwort «dialogunfähig» achselzuckend der Verachtung anheimgegeben.

Gerade die, die immerzu nach «Dialogen» rufen, lassen es an Toleranz oft fehlen! Überhaupt ist dieses Dialogisieren oft eine Forderung nach unzulässiger Überdehnung zwischenmenschlicher Kommunikation. Im geistlichen Bereich läßt sich ja nicht verfahren wie bei den Verhandlungen zwischen der Gewerkschaft und den Arbeitgebern: Man einige sich auf einen gemeinsamen Nenner! Wo kämen wir hin, wenn wir uns scheibchenweise ein Stück von der Trinität, ein Stück vom Herrn und von Maria abhandeln lassen würden!

Ich bin leider längst allergisch gegen dieses tückisch mißbrauchte Wort. Zu schmerzhaft habe ich erlebt, wie in der evangelischen Kirche unter diesem Motto Abstriche in geistlichen Bereichen gemacht wurden, mit denen man über einen «Jahrmarkt der Möglichkeiten» den Glauben zum Ausverkauf feilbot. Aber Christus will in Glaubensdingen kein «Jein», sondern eindeutige, klare Stellungnahmen: «Sprich: Ja, ja, nein, nein», rät er uns unmißverständlich.

Ach, Andrea, der letzte Absatz auf der ersten Seite Ihres Briefes heute läßt mich geradezu aufjauchzen: die Sache mit der Zeit und mit der Disco. «Kauf die Zeit aus!», das ist für mich ein täglicher, an mich selbst gerichteter Appell. Ich werde ziemlich schnell mit mir unzufrieden, wenn ich mich beim Herumnöhlen erwische; z.B. zu Gesellschaften gehe ich seit langem eigentlich überhaupt nicht mehr. Obgleich ich wenig Neigung zum Unglücklichsein habe, bin ich es nach einem Abend mit Small talk sehr rasch!

Andererseits habe ich seit einigen Jahren einen Glaubensgesprächskreis (um die acht Gemeindemitglieder treffen sich hier bei mir im regelmäßigen Turnus). Das ist im Gegensatz dazu tief beglückend, so daß ich oft danach lange nicht einschlafen kann, in der Freude darüber, was uns in der Gemeinsamkeit an biblischer Erkenntnis zugefallen ist!

«Urlaub machen» ist für mich ein Fremdwort. Die Vorstellung, irgendwo herumzudösen oder herumgefahren zu werden, ist für mich eine Art Horrorvorstellung. Aber im Garten auf der Liege die Bäume und den Himmel «anzuhimmeln» oder ein gutes Buch zu lesen, das sind für mich Sternstunden ausgekaufter Zeit.

Deshalb ist es z.B. für mich auch mit der «Klamottenfrage» mühsam. Aber ich muß mir ja zumindest Gedanken darüber machen, wenn ich auf irgendeinem Podium in einem Saal voller Leute stehen muß. Up to date bin ich da wohl nie. Ich weiß auch nie richtig, was eigentlich in der Mode gerade «in» ist. Nun, trotz Ihrer offenbar ähnlichen Einstellung sahen Sie bei Ihrem Besuch hier wunderhübsch aus in Ihrem weißen Kleid.

Ja, und dann streifen Sie das Thema Disco. Und Sie schreiben doch wahr- und wahrhaftig: «Zu sehr verabscheue ich diese Art der Musik!» – Seien Sie umarmt, Andrea!

Ach, mir tun die armen Kinder so leid, die auf diesen Trip der Berauschtheit durch die satanische Musik gebracht werden! Ihre Ohren nehmen Schaden, ihre Seelen nehmen Schaden: Die «Hellhörigkeit» im wahrsten Sinne dieses Wortes schwindet dahin, irreparabel! Und nicht nur das: Wieviele junge Menschen werden dort zum Rauschgiftkonsum verführt, der sie schon zu Lebzeiten in die Hölle führt. Und wie wenig ist da für uns Therapeuten noch zu helfen, wenn diese Weichen erst einmal eingerastet und eingefahren sind! Wieso läßt sich trotz der doch auf dem Tisch liegenden negativen Ergebnisse dieser Mißstand nicht verbieten? Vor dem Gesetz gibt es doch angeblich einen Schutz der Jugend. Warum versagen hier die Regierungen weltweit?

Ich bin einmal auf einem Kongreß gewesen, auf dem ein amerikanischer Soziologe einen Vortrag hielt. Er hatte sich den Einfluß der Discos auf die Drogensucht, die Kriminalität und psychische Erkrankung zum Thema gemacht: Überall in den Gesellschaften und Örtlichkeiten, in denen es viele Discos und viel satanische Musik gab, ließ sich ein Ansteigen der negativen Sozialindikatoren feststellen, eindeutig im Vergleich zu Regionen mit keinen und wenigen Einrichtungen dieser Art. Wer kümmert sich um die Ergebnisse solcher Wissenschaften? Nun, Andrea ist gefeit dagegen – wie ich mich darüber freue!

Nun zum Emanzipationsthema: Die Sache mit der «Ausbildung als Machtgewinn» habe ich natürlich im Sinn der Feministinnen nur ironisch verstanden wissen wollen. Macht über die Männer ist doch deren Besessenheit, und auch das Getöse: «Mein Bauch gehört mir!» will doch eine Befreiung von der «Falle Mutterschaft», um diesem Ziel näherzukommen.

Sie, Andrea, sind, wie Ihr Brief zeigt, weit von diesen Auswüchsen entfernt. Für Sie ist der Beruf eine Chance, mit Ihren Pfunden zu wuchern, oder im Fall der Familiengründung eine «Rückversicherung» für traurige Zeiten zu haben. Zu einer solchen Einstellung kann ich Sie nur be*glück*wünschen; denn sie enthält eben die Chance zum Lebens*glück*! In dieser Ihrer Haltung spiegelt sich ja gewiß jener marianische Geist, auf den Sie setzen, und alle unsere Praxiserfahrung zeigt, daß darin Segen ist. Selbst als Familienmutter läßt sich schließlich wieder beruflich tätig werden, wenn die Kinder selbständiger geworden sind.

Gerade ist Solschenizyn in Moskau eingetroffen und hat als erstes gesagt, daß wenig Aussicht auf eine Reanimierung seines Vaterlandes bestünde, wenn die *Mütter nicht endlich wieder bereit wären, Kinder zu bekommen* und sie aufzuziehen, statt sie abzutreiben! Unsere

Journaille reagiert darauf befremdet, ja empört, nach dem Motto: «Was schwätzt dieser Greis daher? Will er womöglich den Nationalismus in Rußland reaktivieren?» Oh nein, das ist nicht der Schwerpunkt. Der große weise Russe appelliert an den Gottesgehorsam! Aber wer mag das hierzulande noch verstehen?

Liebe Andrea, Sie sind gewiß kein Relikt – da ist etwas von hoffnungsvoller Morgenluft in Ihren Briefen, ähnlich wie bei dem alten russischen Mahner. Ich freue mich!

Ihre Christa Meves

Graz, am 30. Juli 1994

Liebe Christa Meves!

Ein weiterer Tag drückendster Hitze ist uns heute beschert, und noch immer kündigen die Wetterfrösche keine Abkühlung für die nächsten Tage an. Die Priester beten in den Heiligen Messen täglich um Regen, der «die ausgetrocknete Erdoberfläche tränken und unsere Seelen, befreit von der Sorge um irdisches Wohlergehen, hinlenken möge zu Ihm...»

Ich jedoch sitze nach einer äußerst strapaziösen Woche gemütlich in meinem abgedunkelten Wohnzimmer und habe beschlossen, mir nach allen Regeln der Kunst einen «Urlaubstag» zu genehmigen. Und das heißt für mich Ähnliches wie für Sie: Muße zu haben für ein gutes Buch oder eine schöne Schallplatte, nachzudenken, anzubeten, zu danken, zu loben... oder zu schreiben! Und wie Sie sehen, bin ich im Moment mit dem Schreiben beschäftigt.

Dank für Ihren so lieben letzten Brief! Sie schneiden da ein Thema an, über das ich meine Gedanken ausführlicher darlegen möchte, nämlich die satanische Musik. Doch zuvor will ich schnell noch Ihre Fragen beantworten von wegen «Geist-Führern» im Jugendalter.

Nun, der Grundstein meiner Haltung wurde gewiß von meiner Mutter und meinem Elternhaus gelegt. Sie hat immer sehr darauf geachtet, allen super-modernen «pädagogischen Konzepten» (laissez-faire-Stil z.B.) nur ja fernzubleiben und auch mich davon fernzuhalten. Sie lehrte mich die Werte klassischer Schönheit, fütterte mich Leseratte beizeiten mit guter Literatur und baute von jeher die Musik in meine Erziehung ein.

Ich war drei Jahre alt, als ich in das Konservatorium der Steiermark eintrat und dort bis ca. 17 verblieb. In diesen Jahren durchlief ich die verschiedenen üblichen Schulungen: angefangen von der musikalischen Früherziehung, über Tanz, Flötenunterricht, Chorgesang, Harmonie- und Satzlehre, Musikgeschichte etc., bis hin zum Klavierunterricht, der über zehn Jahre lang mein Hauptfach war. Für mich privat lernte ich dann noch Gitarre und Altflöte, aber mehr zum Vergnügen. Wenn die Ohren von klein auf an solches gewöhnt sind (und auch daheim gab es ja herrliche Plattensammlungen mit Aufnahmen quer durch die gesamte klassische Musik und Opernliteratur), dann besteht meines Erachtens kaum die Gefahr, an der Geräuschkulisse eines Hard-Rock z.B. Gefallen zu finden.

Auch was die «Klamotten» betrifft, wie Sie sie leicht ironisch nennen, herrschte bei uns zu Hause ausschließlich die «klassische Linie» vor. Natürlich hatte ich neben schöner Festtags- auch alltägliche Kleidung, aber auch diese war vom Schönheitssinn meiner Mutter bestimmt. Niemals wäre mir in den Sinn gekommen, mit absichtlich Zerrissenem, Zerschnittenem oder künstlich häßlich Gemachtem herumzulaufen, wie ich es bei meinen Schülerinnen erlebe. Das Thema Schminken gab es auch kaum bei uns zu Hause. Meine Mutter wußte um den Wert der Natürlichkeit, den sie an mich weitergab.

Soweit die äußeren Gegebenheiten, die ja doch mit Voraussetzung sind für die Entfaltung des Innenlebens. Und da hatte ich, wie Sie so richtig vermuten, neben allem eigenen Nachdenken wirklich großartige «Geist-Führer», die mich die marianische Spiritualität zu lieben und zu leben lehrten: verschiedene Priester, aber auch Ordensfrauen.

Doch nun will ich zu meinem eigentlichen Thema kommen: satanische Musik und die herrschende Verbindung zum New-Age. Im Zuge meiner Unterrichtsvorbereitung für den Psychologieunterricht bei den 17–18jährigen habe ich mich sehr ausführlich damit auseinandergesetzt – und war atemlos vor Entsetzen, was da getrieben wird.

Nach einem Bericht von Univ. Prof. Dr. G. Ortner hören 80 bis 90% aller Jugendlichen täglich bis zu fünf Stunden Rock-Musik (mit Hilfe der Walkman-Geräte sogar auf dem Schulweg und in der Schule). Rockmusik führt durch ihre stark rhythmische Akzentuierung und elektronische Verarbeitung, mit Texten von der Liebe bis hin zum politischen Protest die Beliebtheitsskala in der Unterhaltungsmusik bei jugendlichen Hörern an. Nun gibt es aber innerhalb dieser Rockmusik eine nicht nur bedenkliche, sondern auch gefährliche Richtung: den Okkult-Rock.

Okkult-Rock ist eine Musik, die von intensiver Lautstärke und raffiniert ausgebauter Bewußtseinslosigkeit lebt, zu Rebellion, Aggressivität und Sex aufpeitscht und so zum Nährboden für okkultes, satanistisches, antikirchliches und antichristliches Gedankengut wird. Von nicht wenigen Bands wird Okkult-Rock nicht mehr um der Musik willen produziert, sondern um missionarisch okkult-dämonische Botschaften in die Gehirne der Zuhörer zu hämmern. Menschliche Werte werden dabei bewußt zerstört, abnorme Verhaltensweisen stimuliert.

Immer wieder hört man von Hard-Rock-Konzerten, die die jugendlichen Zuhörer mit ihren metallisch harten

Rhythmen derart aufpeitschen, daß es zu brutalen Gewaltausschreitungen mit Verwüstungen in den Städten, mit Verletzten, ja sogar Toten kommt. Besonders der Musikstil «Heavy-Metal» hat das zur Folge: Das ist «brüllend lauter Hochgeschwindigkeits-Sound mit kreischenden Elektro-Gitarren, wilden Schlagzeug-Stakkatos und ins Pop-Volk geschleuderten Gewaltparolen», wie es ein Teilnehmer einmal formulierte. Bei derartigen Darbietungen werden oft auf der Bühne Hühnern die Köpfe abgerissen oder lebende Ratten zerquetscht, Kreuze und blutige Tierköpfe zersägt, Mönchsgestalten und Abbildungen von Jesus Christus gefoltert, verhöhnt und erschossen. Das ganze nennt sich «Bloodlust».

Der unmelodische harte Rhythmus schaltet Bewußtsein und kritisches Denken aus und läßt all das Neue und Erregende einströmen. Das so infiltrierte Unbewußte begleitet die Jugendlichen im Schlaf, ins Leben und beeinflußt ihr Denken und Tun, um so mehr, als gekaufte Platten des Gehörten und Erlebten die Eindrücke ständig auffrischen. Junge Menschen können auf diese angsterregende, aggressive Gefühlswelt mit Hysterie bis hin zu Ohnmachtsanfällen reagieren.

Hard-Rock ist musikpsychologisch raffiniert konzipiert, um manipulierende Zielsetzungen zu verwirklichen: z.B. wird bewußt eine Lautstärke von sieben Dezibel oberhalb der Toleranzgrenze des Nervensystems gewählt, so daß beim Zuhörer depressive Gefühle, Empörung oder Angriffslust erzeugt werden können. Zudem werden viele Töne oberhalb der Hörgrenze produziert, die die Zuhörer zwar nicht mehr vernehmen, deren Vibration und unkontrollierbare Auswirkungen auf das Gehirn aber dennoch vorhanden sind. (Fachleute gehen heute davon aus, daß das Gehirn darauf mit der Erzeugung einer Substanz reagiert, die ähnlich wie Rauschgift wirkt.)

Zugleich ist der synkopische Beat-Rhythmus ein unterschwelliges Steuersignal, das Gehirn und Körperorgane, v.a. die sexuelle Triebsphäre, reizt; so bekommen die Zuhörer das Gefühl, immer aggressiver zu werden, bis hin zur Raserei. Kommen noch die bei Konzerten und in Diskotheken vielfach verwendeten farbigen, zuckenden und grellen Lichteffekte hinzu, ergibt sich aus alledem eine Vergewaltigung und Manipulation des Bewußtseins und Unterbewußtseins, das zu Persönlichkeitsveränderungen führen kann.

Ich habe vor einigen Monaten versucht, mir eine Dokumentation über «neue Drogen und Techno-Parties» im Fernsehen anzuschauen, um herauszubekommen, «was da so alles läuft». Die Minuten währenden eingeblendeten Szenen einer solchen Techno-Party waren einfach nicht zu ertragen!

Zuerst versuchte ich es mit Leiser-Stellen des Tons, dann schaltete ich ihn ganz ab und wollte nur auf die Lichteffekte etc. achten. Das hielten meine Augen nicht aus. Darauf schaltete ich den Ton wieder ein, machte aber die Augen zu – das hielten wieder meine Ohren nicht aus. Schließlich verfolgte ich die Sendung erst wieder, als diese Szenen vorbei waren. Es ist mir einfach unbegreiflich, wie Menschen das mitmachen können, noch dazu über viele Stunden hinweg! Ich hatte schon nach diesen kurzen Minuten in der Nacht Alpträume davon!

1982 verurteilte ein US-Gericht eine Rockgruppe wegen Beeinflussung der Hörer mit satanistischen Botschaften aus dem Okkult-Bereich, die im «backwardmasking-process» konzipiert und verschlüsselt dargeboten waren. Spielt man die Platte normal ab, ergeben sich relativ harmlose bis unverständliche Wortfetzen, läßt man aber die Darbietung rückwärts laufen, sind deutlich satanische und zerstörerische Texte herauszuhören. In der oben genannten Rockgruppe z.B.: «Ich muß für Satan leben. Habe keine Angst vor dem Teufel, sei kein Idiot. Ich will, daß der Herr vor dem Teufel auf die Knie fällt. Satan, Satan, Satan. Er ist Gott, er ist Gott, er ist Gott.» Das ist eine deutliche Perversions-Parallele zur dreimaligen Anrufung Gottes in christlichen Gebeten.

Sexuelle Perversion, Aufruhr gegen bestehende Ordnung, Suggestion zum Selbstmord, Aufpeitschung zur Gewalt, zu Mord und zur Weihe an Satan sind in Rückwärtstexten (die wesentlich verbreiteter sind, als man annehmen möchte!) zu vernehmen, von denen die Erfahrung zeigt, daß die maskierten Botschaften trotzdem ins Bewußtsein der Hörer eingehen. Eine ganze Reihe von Rock-Gruppen oder Rock-Stars bekennt, daß sie sich bewußt «in den Dienst Satans» gestellt hätten. Satanistische Inhalte, satanistische Embleme und satanistische Rituale sind mittlerweile nicht nur etabliert, sondern ein fester Bestandteil des Hard-Rock.

In diesen zerstörerischen Sog geratene Jugendliche gründen des öfteren Zirkel mit Gleichgesinnten und demonstrieren öffentlich ihre Anhängerschaft an Satan, indem sie umgekehrte Kreuze, Pentagramme oder das apokalyptische Zeichen «666» tragen. Obszöne Priesterwitze, Interesse an Schwarzen Messen, Papstbeschimpfungen, abartiges sexuelles Verhalten und gewalttätige Haßausbrüche kennzeichnen das Verhalten von solchen Jugendlichen.

Hard-Rock ist ein sehr bewußt eingesetztes Mittel der sogenannten «New-Age-Bewegung». Vielen Menschen ist dieses Wort ein Begriff, kaum jemand kann diesen aber definieren. Wie auch! Das Ganze ist so schwammig, es gibt so vielerlei Schattierungen und Bezeichnungen, daß selbst Fachleute sich schwer tun, einen Überblick zu gewinnen.

Bei New Age geht es erst einmal um das sogenannte «Wassermannzeitalter», das 2100 Jahre dauern und mit dem 5. Februar 1962 begonnen haben soll. Es sei das Zeitalter der menschlichen Ganzheit. (Die Epoche des Christentums, als Zeitalter des Fisches bezeichnet, läuft angeblich aus.) Den Grundstein für dieses Denken legte die englische Theosophin Alice B. Bailey; neuere Autoren wie Fritjof Capra, Marilyn Ferguson, David Spangler oder Sir George Trevelyan sorgen für die Verbreitung von Idee und Namen, die ursprünglich hauptsächlich durch Songs von Pop-Gruppen und Musicals unter die Menschen gebracht wurden (zum ersten Mal greifbar ist das im Musical «Hair»).

Es geht v.a. um ein Religionsgemisch; Synkretismus, d.h. die Einheit aller Religionen und Ideologien, wird angestrebt, wobei buddhistische und hinduistische Gedanken, hermetisch-gnostische Ideen, Esoterik, Okkultismus und alternativ-kulturelles Gedankengut in das abendländische Denken eingebaut werden. Eine Transformation des Denkens, eine «Bewußtseinsveränderung» muß vor sich gehen: mit Hilfe «jahrtausendealten Wissens», einer neuen Spiritualität in Selbsterfahrungsgruppen, durch «transpersonale Psychologie» und Schaffung eines Netzwerkes weltweiter Sympathisanten und kooperativer Zellen und Gruppen. Schließlich soll alles durch die One-World-Gemeinschaft in einen «Zustand universeller Harmonie» münden.

New Age ist, wie schon gesagt, nicht einheitlich; der geistige Inhalt und Schwerpunkt wird von der jeweiligen Gruppe geprägt. Es gibt inzwischen über 10000 Organisationen mit unterschiedlichen Weltanschauungen, die sich offen zu New Age bekennen. Trotzdem gibt es auch gewaltige geistige Zentren dieser Bewegung in Schottland und Kalifornien/USA, deren Einfluß grundsätzlich unterschätzt wird. Bewegungen in diese Richtung sind Bagwan, Zen, Yoga, Sophismus, Theosophie, Anthroposophie, Alchemie, Astrologie, Mutter-Erde-Kulte, Hexenkulte, Bioenergetik, Mythologien, spiritistische Sitzungen (Kübler-Ross) etc. etc. etc.

Zentrales Thema der New-Age-Bewegung ist die *Selbsterlösung*: Wir brauchen keinen Gott, wir können selbst Gott sein. Es gibt dicke Bücher voller Bibelzitate, die aber nicht der Gesamtaussage der Heiligen Schrift entsprechen: Das alles ist sehr unterschwellig, verdeckt und irreführend.

In der Schrift «Das Netzwerk», in der alle Veranstaltungen des New Age verzeichnet sind, finden sich sogar Klöster und kirchliche Bildungshäuser als Veranstaltungsorte, weil diese die Gefahr nicht erkannt haben. Ich habe es selbst erlebt, daß christliche Lehrer einer katholischen Privatschule sich offen für das New Age stark gemacht und ihren Schülern eingeredet haben, nur das sei die wahre Zukunft (eine einheitliche, umfassende Weltreligion), und das Christentum sei so und so längst passé.

New Age macht sich darüberhinaus die lähmende Zukunftsangst vieler Menschen zunutze. Kommende Erlösung wird versprochen: Die «Wendezeit» werde durch den neuen Geist des Wassermanns eintreten, der die Menschen dann erleuchten und alle Probleme lösen werde; weiterhin werde es zu einer «globalen Bewußtseinserweiterung» kommen. Auch der Ernst des Todes wird geleugnet, da kein Tod, sondern Reinkarnation erwartet wird. (Eine Umfrage in Deutschland brachte kürzlich das Ergebnis, daß bereits über die Hälfte der Deutschen an eine solche Wiedergeburt glauben!)

Das lineare, geschichtliche, christliche Denken soll in ein kosmisches Kreislaufdenken umgewandelt werden. Der Tod wird als liebender Vater gesehen, der alle Grenzen sprengt und zu neuen Existenzen hinführt. Man spricht von Meistern der Weisheit, Lehrern aus dem Jenseits und einer Hierarchie von Dämonen. Ein gewisser «Mantrea», eine Reinkarnation aller religiösen Figuren, sei schon auf Erden und wolle die Satansweihe der Erde vorbereiten, indem Gnosis und Esoterik verbreitet und uralte heidnische Kulte und Götter (Astarte!) wiederbelebt würden.

Das oberste Ziel der New-Age-Bewegung ist die planetare Massenweihe (über Satelliten) an Luzifer. Teilziele sind ein universelles Kreditkartensystem, über das Mantrea die Kontrolle hat; das Geldwesen soll abgeschafft werden; Kreditkarten und Einkaufsmöglichkeiten erhält nur der, der die Satansweihe vollzieht. Eine Weltzentrale für Nahrungsmittelverteilung soll geschaffen werden, auch ein einheitlich kontrolliertes Transportsystem. Für die gesamte Menschheit soll eine einheitliche Weltreligion verbindlich sein, bis ein neuer «Weltenlehrer» kommt usw.

Dahinter stecken psychologisch gesehen fünf Hauptpunkte: Es geht um eine Wiederverzauberung der Welt als Gegenpol zur wachsenden Existenzangst der Menschen (hervorgerufen durch Umweltzerstörung, Rohstoffverknappung und atomare Bedrohung), um die Skepsis gegenüber technischem Fortschritt, um den Wunsch nach Abschaffung des Todes, um das Verlangen nach einem einheitlichen Weltbild und um einen Mißbrauch der Ökologiebewegungen und der ganzheitlichen Medizin.

Die Methoden des New Age sind einfach: Alles zu unterwandern, alles aufzuweichen, überall, wo etwas los ist, mit am Ball zu sein und den Anspruch des Christentums zu bekämpfen.

Als Symbole dienen der Regenbogen (aus dem AT übernommen! «Brücke zum Universal-Geist»), Lichtstrahlen, Kreuze mit vorgesetzten Diagonalen, ein Mittelpunkt mit größeren und kleineren Kreisen, (ab und zu) ein Hakenkreuz und die Zahl «666» (diese Zahl müsse man so oft wie möglich gebrauchen, um die Ankunft des neuen Zeitalters zu beschleunigen; die gebräuchlichen Zahlungsmittel (in den USA z.B.) sind schon damit versehen!!! In der Apokalypse steht 666 für Satan.).

Die Generalprobe für das New Age war angeblich der Nationalsozialismus. Beide weisen in der Tat erschreckende Gemeinsamkeiten auf: okkulte Wurzeln (Hitler zwang seine Gefolgsleute, an okkulten Riten teilzunehmen; das New Age will die planetare Massenweihe an Satan), Gedanken des tibetanischen Buddhismus und der Theosophie (Hitler beschwor stundenlang den «Geist der Grube» und wußte seine Siege im voraus; New Age erhält seine Anweisungen angeblich von Dämonen), Gedanken von Karma und Reinkarnation sowie einer «Herrenrasse» (Hitler wollte, daß der Staat die menschliche Fortpflanzung kontrolliere; New Age: Eine Lizenz ist für die «Anschaffung» von Kindern nötig!); Hitler wollte ein 1000jähriges Reich und forderte nach dem Krieg die öffentliche Hinrichtung des Papstes; New Age will eine neue Weltreligion, der Papst soll gezwungen werden, vor Mantrea das Knie zu beugen; Hitler bezeichnete die Morde an den Juden als einen Selbstreinigungsprozeß, New Age sagt: «‹Säuberungsaktionen› werden nötig sein!»...

Doch wer von den so aufgeklärten Menschen unserer Zeit ist bereit, so etwas ernst zu nehmen? Die Gefahr ist so groß, so ungeheuerlich – doch kaum jemand sieht sie. Es ist die wirksamste Strategie des Teufels, den Menschen einzureden, daß es ihn nicht gibt... Hat nicht schon der alte Goethe gewußt: «Den Teufel merkt das Völkchen nie»?

Liebe Christa Meves, das ist jetzt ein sehr langer Brief geworden, und ich bin mir bewußt, Ihnen damit kaum etwas Neues erzählt zu haben. Gewiß sind Sie mit diesen Dingen wesentlich vertrauter als ich! Ich wäre begeistert zu erfahren, was Sie von alledem halten.

Ich warte in Spannung auf Ihre hoffentlich baldige Antwort!

Herzlichst!

Andrea

Uelzen, am 30. Juli 1994

Liebe Andrea,

heute «kunnen wir nit tonanner kummen», immerzu war mein Telefon und damit mein Fax besetzt: belegt mit einem Anruf nach dem anderen mit Hilferufen mir unbekannter Menschen. Gerade die Wochenenden sind für mich oft eine Art Notdienst in Telefonseelsorge... Und sehr oft ist die Person, die da um Rat fleht, schon durch die dämonische Umerziehung, von der Sie schreiben, in Fallen geraten: in Rauschgiftabhängigkeit oder auch nur in eine Schwächung, in der sie nicht mehr in der Lage ist, den Alltag mit seinen Anforderungen zu bestehen.

Ja, es ist der Teufel, Andrea! Wir brauchen das schließlich keineswegs nur zu meinen oder zu deuten. Er tritt in der dämonischen Musik und im Spiritismus der New-Age-Bewegung ja ohne jede Maskierung zutage. Das kann er sich erlauben, weil in dem Augenblick, wo er direkt benannt wird, die Journaille in Aktion tritt; denn sie weiß, daß Menschen, die den Teufel für existent und in unseren Tagen für großmächtig aktiv halten, auf gar keinen Fall ernst zu nehmen sind. Sie werden als «sektiererisch» und «mittelalterlich» beschimpft, und so bewirken diese überheblichen Teufelsverleugner, daß die von solcher Apostrophierung ein wenig aufgeweckten Leute sich beruhigt wieder schlafen legen bzw. sich weiter unbedenklich dem zerstörerischen Klima aussetzen.

Und so fängt er zur Zeit millionen und abermillionen Seelen ein. Niemanden schaudert's! Niemand wagt es auszusprechen, daß keine Chance besteht, noch eigenmächtig diesem diabolischen Fischzug zu entfliehen, es sei denn, er begäbe sich in den Schutz der Kirche, in den Schutz des Erlösers, in die Abwehr durch Christi Zeichen: das Kreuz!

Ja, seltsamerweise bekommen die wenigsten praktizierenden Katholiken noch in der Predigt zu hören, was die Stunde geschlagen hat, um die Getreuen zu stärken und den Schwankenden die Augen zu öffnen! Was ist das für eine merkwürdige Feigheit? Ist sie eigentlich überhaupt zu verantworten? Müssen die Gläubigen nicht wenigstens aufgerüttelt werden? Bedürfen sie nicht der Warnung? Ist es nicht nötig, die Menschen unserer Zeit zu informieren, wie Sie das in Ihrem letzten Brief tun, und müssen sie nicht befähigt werden, Satan besser identifizieren zu können?

Denn er ist ja der «*Affe Gottes*», Sein Nachäffer, wie Sie es an den Aussagen über Hitler exemplifizieren. Nicht umsonst war das Hakenkreuz das Emblem dieses satanischen Verführers! Aber wir brauchen nicht erst zum Nazi-Reich zurückzugehen. Der Verführungszustand ist heute nicht im mindesten geringfügiger und die Blindheit auch nur irgendwie weniger dicht. So sagte die FDP-Parlamentarierin Uta Würfel, die Wortführerin in der Abtreibungsdebatte, als das Parlament in seiner Mehrheit für die Fristentötung der Ungeborenen gestimmt hatte: «Es ist vollbracht!»

Solche Beispiele ließen sich beliebig vermehren. Die Verführung der Jugend zum vorehelichen Geschlechtsverkehr wird z.B. damit begründet, daß man «die *Liebe* lernen müsse». Das wäre gewiß richtig, wenn man hier das Wort «Liebe» nicht für den Vorgang eines technisierten Sex mißbrauchen würde. Und das Gesetz, jungen Mädchen unter 20 Jahren auf Krankenschein die Pille zu verordnen, gaukelt doch in einer unüberbietbaren Verantwortungslosigkeit die Harmlosigkeit dieses Medikaments vor; und das alles, obgleich die Gynäkologie es mittlerweile hieb- und stichfest auf dem Tisch hat: Die Pille, von den Jugendlichen langfristig genommen, macht in jungen Jahren bereits anfällig für Brustkrebs!

Liebe Andrea, wir wollen die Analysen des Verderbens, die ich in meinen Büchern ja mittlerweile hinreichend erstellt habe, hier nicht wiederholen. *Sie* wissen das alles bereits längst, und Sie gehören in die noch kleine Schar der ganz Fortschrittlichen, die sich nicht nur nicht mehr für dumm verkaufen lassen wollen, sondern die auch bereits den Ort in Anspruch nehmen, wo allein unsere Rettung zu finden sein kann.

Das ist meine unbändige Freude an diesem Briefwechsel und meine Hoffnung, daß Ihr Beispiel Schule machen könnte! Wie nötig haben wir die flehentliche Bitte: Domine, miserere nobis! [8]

Liebe Grüße!

Ihre Christa Meves

Graz, am 31. Juli 1994

Liebe Christa Meves,

gerade sitze ich bequem an meinem Schreibtisch, während draußen vor meinen Fenstern ein heftiger Regenguß niedergeht und die Tauben auf den Fensterbrettern Zuflucht suchen. Ich genieße die sonntägliche Stille: kein Telefonklingeln, kein dringendes und auf der Stelle zu beantwortendes Fax, keine sonstigen Verpflichtungen, dafür aber Zeit zum Nachdenken und zur Sammlung.

Dank für Ihren letzten Brief! Ja, Satan ist wirklich der «Affe Gottes», wie Sie es sagen, und wir sind so blind, so blind für sein großmächtiges Tun! Auch mich bewegen Ihre drängenden Fragen nach dem Warum des Schweigens zu diesem Thema selbst in unserer Kirche... auch ich stelle sie mir, oft und oft. Wie lange noch soll denn der Herr zusehen? Wie lange noch *kann* er zusehen?

Und doch begleitet mich heute schon den ganzen Tag ein sehr hoffnungsfroher Schrifttext aus dem Buch Sacharja:

«Juble und freue dich, Tochter Zion; denn siehe, ich komme und wohne in deiner Mitte – Spruch des Herrn.

An jenem Tag werden sich viele Völker dem Herrn anschließen, und sie werden mein Volk sein, und ich werde in deiner Mitte wohnen.

Dann wirst du erkennen, daß der Herr der Heere mich zu dir gesandt hat. Der Herr aber wird Juda in Besitz nehmen; es wird sein Anteil im Heiligen Land sein. Und er wird Jerusalem wieder auserwählen.

Alle Welt schweige in der Gegenwart des Herrn. Denn er tritt hervor aus seiner heiligen Wohnung.»

Dieser Text ist auf Maria bezogen, die Mutter des Herrn, die «wahre Tochter Zion». Auch sie wird vom Engel begrüßt mit den Worten «Freue dich!» (gewöhnlich übersetzt «Sei gegrüßt!»), und als Grund der Freude wird ihr, freilich auf neue Weise, das gesagt, was die Propheten zur Tochter Zion gesagt hatten: «Denn siehe, ich komme und wohne in deiner Mitte!»

Ich denke aber, daß wir diesen Text auch auf die Kirche heute beziehen dürfen und sollen, und dann gewinnt er noch an Brisanz. Zum Zeitpunkt der Prophetie, zur Zeit des Propheten Sacharja, wurde in Jerusalem der neue Tempel gebaut: ein fast aussichtsloses Unterfangen angesichts der politischen und wirtschaftlichen Situation der nachexilischen Gemeinde. Und doch wird gerade in dieser scheinbar aussichtslosen Lage eine große Verheißung verkündet: Der Herr wird kommen, Er wird in seinen Tempel einziehen, dort wohnen und die Stadt beschützen, und Er wird dort für alle Völker erreichbar sein. Welch ein eindrucksvolles, berührendes Bild: «Alle Welt schweige in der Gegenwart des Herrn, denn Er tritt hervor aus seiner heiligen Wohnung...»

Was ist das doch für eine tröstliche Verheißung für die heutige Zeit, in der sich die katholische Kirche und ihre Amtsträger, allen voran der Papst, so massiven Angriffen ausgesetzt sehen! Seit einem Vierteljahrhundert werden Kirche und Papst nun bereits auf eine Weise angepöbelt, daß einem Hören und Sehen vergeht, von professionellen wie amateurhaften Kritikern, von Literaten, Politikern, ja sogar von Theologen und Verbandskatholiken. Die Kampfansagen an die Kirche sind Legion, denn neben den externen Angriffen wuchert eine innerkirchliche Kritik, die die äußere sogar manchmal noch übertrifft.

Auf Struktur, Lehre und Verkündigung der Kirche reagiert man verärgert. Diese Verärgerung steht nicht nur im Zusammenhang mit der Kritik an vereinzelten Mißständen, Fehlverhalten und Fehlentwicklungen, sondern weitet sich darüber hinaus zu einem Hinterfragen des Fundaments des kirchlichen Selbstverständnisses, der christlichen Botschaft, aus. Zwei Gründe scheinen hierbei mitzuspielen:

Zum einen die menschliche Arroganz, die aus der Erfahrung der Subjektivität und Individualität den über das Ziel hinausschießenden und fatalen Schluß zieht, der einzelne sei das Maß aller Dinge: Wenn ein großer Teil der Menschen Probleme mit einem bestimmten kirchlichen Gebot hat, dann muß automatisch das Gebot falsch sein, da der einzelne die Normen seines Verhaltens und Handelns aus seiner subjektiven Befindlichkeit herleitet (die allerdings nicht objektiv ist, da sie sich permanent relativiert).

Zum anderen die Furcht, daß christlicher Glaube und kirchliche Verkündigung ein sacrificium intellectus[9] abfordern könnten, eine grundlegende Lebensveränderung also, die dem Wohlstandsbürger zu unbequem erscheint. Und diesen Widerstand pflegt er dann rational folgendermaßen zu ummänteln: Was soll diese 2000 Jahre alte Botschaft noch im Zeitalter der rationalen Aufgeklärtheit? Was soll uns Modernen noch dieses geschlossene Konzept einer umfassenden Sinndeutung?

Ich habe einen Text zu diesem Thema gefunden:

«Sie hat es nicht leicht.

Die Kirche heute.

Singt sie ‹Halleluja›, heißt es: Wie ist sie doch weltfern und lebensfremd!

Weist sie auf die Gefahren der heutigen Zeit hin, wirft man ihr vor, die Frohe Botschaft in Unkenrufe zu verwandeln.

Legt sie das Gewicht auf das Geistige, bezichtigt man sie der Blindheit gegenüber materiellen Werten.

Zeigt sie hin auf das ewige Heil, erhebt sich der Protest, sie betäube die Menschheit mit Opium.

Fordert sie Strukturveränderungen in der Gesellschaft, spricht man von den ‹nützlichen Idioten des Kommunismus›.

Ruft sie aus Angst vor den Greueln, die jeder Umsturz mit sich bringt, zum Gehorsam gegenüber staatlicher Obrigkeit auf, bezichtigt man sie des Verrates an den Armen und sagt, sie stecke mit den Diktatoren unter einer Decke.

Fordert sie die Regierungen auf, allen Menschen Gleichberechtigung zu gewähren, tönt es: ‹Politik gehört nicht auf die Kanzel!›

Wendet sie sich gegen Rassismus und Gesinnungsterror, verdächtigt man sie als Schrittmacherin der Anarchie.

Wirklich, sie hat es nicht leicht, die Kirche.»

Ist die Kirche heute unter dem Druck der Anfeindungen nur noch Institution? Hat sie ihren prophetischen und charismatischen Charakter verloren? Seit jeher gab es in der Kirche zwei voneinander abhängige Pole: den Pol der Institution, der Kontinuität, Stabilität und Strukturen garantiert, und den Pol des Charismas, der auf die Institution mit ihren vorgegebenen Strukturen reagiert und sie in Frage stellt. Nimmt man einen der beiden Pole weg, bedeutet das den Tod der Kirche: Ohne Charisma kommt es zu einer Verkalkung, zu einem Erstarren in Dogmatismus; ohne die Institution kommt es zu einem Ungeordnetsein und zum Zusammenbruch.

Wenn wir uns selbst und die westliche Welt kritisch hinterfragen, werden wir zugeben müssen, daß Kirche und Christentum bei uns einen Prozeß der «Verbürgerlichung» durchgemacht haben und daß der Pol des Charismas tatsächlich im Begriff scheint, verlorenzugehen. In unserem Christentum der westlichen Welt haben wir schon zu oft die Gemeinschaft mit Gott ersetzt durch den Dienst an den Menschen und vielerlei Aktivitäten. Wir haben uns mit deren Aufgaben identifiziert und dabei das eigentliche, das oberste Ziel aus den Augen verloren: Gott zu lieben und uns Ihm völlig hinzugeben.

Denn was bedeutet das Christentum denn anderes, als Gott den Vorzug zu geben? «Du sollst Gott lieben mit all deinen Kräften, mit deinem ganzen Herzen, deiner ganzen Seele und deinem ganzen Verstand! Du sollst nur Gott den Herrn anbeten und niemanden sonst!» Es geht um die *Priorität* Gottes in unserem Leben, um die «consécration totale à Dieu», wie Henri Boulad es so treffend formuliert. Das Leben eines Christen gehört in erster Linie auf die Ebene des *Seins*, nicht die des *Tuns*. Das Tun *erwächst* erst aus dem Sein; es ist dessen Folge und logische Konsequenz. Wir sind gewiß alle miteinander immer wieder der Versuchung ausgesetzt, unsere Berufung (und Würde!) als Christen lediglich auf der Ebene des Handelns zu sehen und uns von daher zu definieren; das ist aber nur der *zusätzliche* Sinn unserer Berufung, nicht der *eigentliche*!

Hier brauchen wir geradezu so etwas wie eine neue Erweckungsbewegung. Und hier kommt es sicher auf eine Einstellungsänderung jedes einzelnen an. Ich meine, daß für alle Christen (nicht bloß für die Ordensleute, wie einige fälschlicherweise meinen!) die Tugenden Armut, Gehorsam und Keuschheit bedeutsam sind.

Auch sie sollten auf der Ebene des Seins bedacht werden, z.B. die Armut. Fast schreckt man in unseren Ländern davor zurück, diesen Ausdruck in den Mund zu nehmen, er erscheint so unangemessen, was die materielle Seite betrifft. Wie wichtig wäre hier daher nicht nur eine Armut des *Habens*, die sich in der Einfachheit, in der Schlichtheit des Lebensstils, in Mäßigkeit gegenüber dem Konsum erweist, sondern auch eine Armut des *Seins*, auf daß wir die darin liegende Freiheit neu entdekken! Wir sollen nicht zu abhängig sein von Gegenständen, gewiß, wir sollen aber auch die Umstände relativieren und uns selbst nicht zu wichtig nehmen.

Dann ist da noch der Gehorsam des Christen, der die Freiheit und die Würde der Person zum Ziel hat, in die uns der Wunsch, wirklich den Willen Gottes zu tun, führt. Es geht also um ein Immer-wieder-Hinauflauschen zu unserem Gott: «Was will Er von mir? Was will Er grundsätzlich mit meinem Leben; was will Er von mir jetzt, in diesem Augenblick?» Das Ziel ist jene Unterscheidungsfähigkeit, die den mündigen und erwachsenen Menschen auszeichnen soll.

Und dann gibt es noch die Keuschheit des Christen, die vielen heute wahrscheinlich die größte Schwierigkeit bedeutet. Was ist das also in der heutigen Zeit, die

Keuschheit des Christen? Es geht hier um wesentlich mehr als um Genitalität und um Ablehnung von sexuellen Beziehungen mit dem anderen Geschlecht. Es geht viel tiefer: Es geht für Ehelose darum, ein Leben ohne eine exklusive Beziehung zu einem Partner des anderen Geschlechts, die erfüllt und ausfüllt, zu akzeptieren. Mit anderen Worten: Es geht darum, eine andere Art von Liebesbeziehung zu leben, als allgemein üblich ist.

Gott wird zum Mittelpunkt des eigenen Lebens. «Trachtet erst nach dem Reich Gottes!», empfiehlt uns Christus, und wirklich: Alle anderen menschlichen Beziehungen entspringen dann wie die Speichen eines Rades diesem Mittelpunkt... Schon Eduard Mörike hat das in seinem Gedicht «Neue Liebe» treffend ausgedrückt:

Kann denn ein Mensch des andern auf der Erde
Ganz wie er möchte sein?
In langer Nacht bedacht ich mir's und mußte sagen:
Nein!

So kann ich niemand's heißen auf der Erde,
Und niemand wäre mein?
Aus Finsternissen hell in mir aufzückt
ein Freudenschein:

Sollt ich mit Gott nicht können sein,
So wie ich möchte, Mein und Dein?
Was hielte mich, daß ich's nicht heute werde?

Ein süßes Schrecken geht durch meine Gebein!
Mich wundert, daß es mir Wunder wollte sein,
Gott selbst zu eigen haben auf der Erde.

Die Keuschheit des Christen ist so gesehen ein Paradoxon: Es geht um Leere und doch um Erfüllung, es geht um Nichts und doch um Alles, es geht um einen Verzicht auf die Verabsolutierung menschlicher Liebe und doch auch um Offenheit gegenüber dieser menschlichen Liebe...

Das einzige *echte* Zeichen für das Christentum ist die Fähigkeit zu lieben. Wenn mich mein Glaube nicht zu mehr und zu größerer Liebe hinführt, dann ist er ein Fehlschlag; wenn er das aber tut, dann ist er prophetisch und hat prophetische Bedeutung: Allein im Verzicht auf das «Sein-wollen-wie-Gott» und in der Rückgewinnung der Dimension der Endlichkeit des Menschen (die man heute aufzuheben trachtet; das geht bis hin zur Gen-Manipulation) kann der Mensch wahrhaftig und frei existieren.

Wenn all diese Dimensionen von gläubigen Menschen bewußter gelebt und vollzogen würden, welch strahlendes Lumen Gentium könnte die Kirche dann heute sein! Aber ich will das nicht beklagen. Ich will damit bei mir selbst anfangen, denn auch heute gilt uns noch die Verheißung des Sacharja: «Siehe, ich komme und wohne in deiner Mitte... Alle Welt schweige in der Gegenwart des Herrn, denn Er tritt hervor aus seiner heiligen Wohnung.»

An diese Zukunft glaube ich! Zu ihr wird die Christenheit aufbrechen, vielleicht sogar bald; ist der Pegel der Not doch schon so hoch!

Herzlichst!

Andrea

Uelzen, den 21. August 1994

Liebe Andrea,

wie lange haben Sie diesmal auf meine Antwort warten müssen; aber ich war nicht abkömmlich, bzw. ich war von morgens bis in den späten Abend in Anspruch genommen von den Familien meiner Kinder. Auch das sind Sternstunden für mich, wenn auch strapaziöse; denn unser Haus wird eng, wenn die gesamte zwölfköpfige Großfamilie beisammen ist! Dennoch: Für mich bedeutet diese Familie ein kaum faßbares Glück und keinen Tag lang eine Selbstverständlichkeit, aber Anlaß zu minutiöser Dankbarkeit.

Diesmal schaute ich ihnen von der Gartenbank her entgegen, mit dem Blick auf das weitgeöffnete Tor. Als der Wagen dann in den Gartenweg einbog und dort anhielt, sprangen die zwei Jüngsten heraus und stürzten mir in die weitgeöffneten Arme. Das ist herzsprengende Freude! Aber nicht nur mit den noch so leibnahen Kleinen! Diesmal gab es viel Gelegenheit zu tiefschürfenden Gesprächen mit den beiden Ältesten, dem 19jährigen Kai und dem 16jährigen Till, beide baumlange Jungen mit so klaren, offenen und unverdorbenen Gesichtern.

Es ist so wunderbar zu erleben: Nicht die ganze Welt, ganz und gar nicht die ganze junge Generation ist kaputt; da kommt eine neue Helligkeit herauf, eine bewußte, gesunde Abkehr vom dekadenten Geist unserer Zeit hin zu einem Aufbruch, der ebenso kraftvoll wie verantwortungsbewußt das persönliche Leben als einen Auftrag von Gott erlebt.

Das hat mich an Ihrem letzten Brief denn auch wieder in helle Begeisterung versetzt: Da schreibt eine moderne junge Frau über die drei mönchischen Tugenden und erlebt sie als gültig für sich selbst – am Ende *dieses* Jahrhunderts! Ja, das Wort «Keuschheit» wird wie ganz selbstverständlich in den Mund genommen und ungeachtet seiner Verfemung fast urkatholisch interpretiert. Mir fiel Kardinal Meisner dazu ein, der kürzlich (sinngemäß) gesagt hat: Die Keuschheit des Priesters ist kein bedauernswerter Verlust, sondern die Möglichkeit zu einem Mehr an Glück, als irdische Beziehung je geben könnte.

Freilich: Ich habe nicht ganz ohne Absicht nun erst mal auf Ihren Brief mit einem sehr irdischen Glückserleben geantwortet, denn wenn Ehe und Familie auch die längeren Lebensumläufe sind auf dem Bergweg zu Gott, so haben sie doch auch ihre Schönheiten, ja, so etwas an sich wie ein organisches Sich-Heranpirschen in Etappen. Und ich nehme eigentlich doch sehr an, daß für Sie die «Keuschheit der Ehelosen» nicht die bereits festgelegte, eingebahnte Bestimmung ist...

Aber wie dem auch sei, es steht uns ein Weichenstellen dieser Art glücklicherweise ja gar nicht zu; es drängt mich so sehr, Ihren Brief durch einige Gedanken über die Keuschheit in der Ehe zu ergänzen, zumal das zur Zeit ein Thema von höchster Aktualität geworden ist.

In den vergangenen Monaten ist kaum eine Woche vergangen, ohne daß der Papst dazu bedeutsame Worte gesagt hat. Es war wie ein dringliches besorgtes Rufen hinein in die Welt, und das aus einem sehr berechtigten Anlaß: Im nächsten Monat findet die Weltbevölkerungskonferenz in Kairo statt. Der Entwurf des sogenannten Aktionsprogrammes stellt die Weiche (unter der Vorgabe, die Weltbevölkerungsexplosion stoppen zu müssen) auf Formen einer Kontrolle, die die Grenzen des von Menschen Machbaren überschreitet. Man glaubt, durch sexuelle Aufklärung, Herstellung und Verbreitung von Verhütungsmitteln sowie durch die Freigabe der Abtreibung dem angeblich unaufschiebbaren Problem der Überbevölkerung der Erde abhelfen zu müssen.

Aber das ist ein Programm, das lediglich eine Not durch eine andere, nicht minder entsetzliche vertauscht. Die Entwicklung auf diesem Sektor in den Industrienationen während der vergangenen 35 Jahre hat das leider bereits bewiesen; denn zwar ist das Wachstum der Bevölkerung hier zurückgegangen (und zwar so stark, daß Wohlstand und letztlich sogar Überleben in Gefahr zu geraten drohen); aber erkauft wurde dieser Status durch einen elenden Verfall der Sitten, durch ein Ausgeliefertwerden der Menschen an ihre Triebhaftigkeit, durch den Verlust von seelischer und körperlicher Gesundheit, durch einen geistigen und geistlichen Niveauverlust ungeahnten, so bisher noch nie dagewesenen Ausmaßes. Die Journaille drischt unisono auf den «starrsinnigen Papst» ein, statt zu erkennen, daß er mit aller Berechtigung hier mahnt und warnt. Es ist die Wahrheit; denn es muß auch eine Keuschheit in der Ehe geben.

«Keuschheit bedeutet, daß die Geschlechtlichkeit in die Person integriert wird. Sie ist eine Schule der Selbstbeherrschung», formuliert der Weltkatechismus und fügt an anderer Stelle hinzu: «Die Tugend der Keuschheit steht unter dem Einfluß der Kardinaltugend der Mäßigung, welche die Leidenschaften und das sinnliche Begehren des Menschen mit Vernunft zu durchdringen versucht... Die Liebe ist die Form aller Tugenden. Unter ihrem Einfluß erscheint die Keuschheit als eine Schule der Selbsthingabe.»

Das Lehramt der katholischen Kirche postuliert das ja schließlich nicht aus veraltetem Starrsinn; sondern sie weiß, daß Gott den Menschen über das Tier hinausgehoben hat, indem er ihn nach seinem Bild geschaffen hat, indem er ihn mit der Würde seines Personseins beschenkt hat und indem er ihm so die Entfaltung einer Liebeskultur zur Aufgabe gemacht hat. Dieser Status ist schwer zu erringen. Nach Goethe gleicht der Mensch einer «langbeinigen Zikade, die fliegt und springt und gleich darauf im Gras ihr altes Liedchen singt». Das heißt: Sehr rasch kann der Mensch wieder zurückfallen und sich «tierischer als jedes Tier» (ebenfalls Goethes Faust) verhalten.

Der Weg über die Verhütungsindustrie hat sich als falsch erwiesen. Er ver-tiert den Menschen, er macht ihn zum Spielball seines entfesselten Triebes, er entmenschlicht und entpersönlicht. Wer den Sex vertechnisiert, entzaubert die Liebe. Dem kann der Papst unmöglich zustimmen! Der mühsame Weg der Mission und der Hilfe zur Selbsthilfe nur kann ein legitimer Weg sein, um den übervölkerten Regionen zu helfen.

Unser Oberhaupt beweist seine unerschütterliche Treue zu Gottes Plan mit dem Menschen, indem er in diesem Bereich so hartnäckig insistiert. Die Liebe füreinander, die auch um des anderen willen bereit ist, auf eine einseitige Triebbefriedigung zu verzichten, sollte der Maßgeber in einer Ehe sein, wenn sie den Anspruch erheben will, christlich genannt zu werden.

Und alle Erfahrung lehrt, wie aufgeschlossen die unverdorbene Frau dafür ist, mit wieviel Liebe für den

Partner sie antwortet, wenn sie ihren Ehemann aus Liebe zu ihr als rücksichtsvoll erlebt. Das ist mit Keuschheit in der Ehe gemeint. Auch sie ist ein hoher Anspruch; aber einer, der glücklich macht und frei!

Liebe Andrea, ich hoffe, Sie mögen das alles verstehen. Ich mußte es einmal formulieren, weil ich es so traurig finde, daß oft sogar gute Katholiken den Papst hier nicht verstehen. Wie bekümmert und einsam schaut er auf den jüngsten Photos aus! Er steht in einem neuen Golgotha! Aber ein paar Frauen, nicht wahr, die sollten auch hier bis zuletzt dabei sein!

Der Sonntag neigt sich. Ein Häher schreit in den Erlen und ängstigt die Enten. Ja, sie seufzt eben, die Natur!

In Liebe Ihre Christa Meves

Graz, am 21. August 1994

Liebe Christa Meves!

Dank für Ihren lieben Brief mit der Schilderung Ihrer Familienfreuden, an denen ich so gerne aus der Ferne Anteil nehme; Dank auch für Ihre wunderbaren Ausführungen zu unserem momentanen Thema!

Oh ja, ich verstehe durchaus, was Sie meinen, und auch mit Ihrer Einschätzung, daß der Heilige Vater jetzt in einem neuen Golgotha steht, stimme ich zur Gänze überein. Heute erst habe ich einen Priester im Zusammenhang mit Kairo sagen hören, der Papst rüste sich für die schwerste Schlacht in seinem bisher 16jährigen Pontifikat, und ich denke, diese Formulierung ist nicht übertrieben.

Wie passend sind in diesem Zusammenhang auch die Meßtexte des heutigen Sonntags: die Lesungen aus dem Buch Josua und dem Epheserbrief (über das Zusammenleben in der Ehe!) und das Evangelium nach Johannes mit Jesu Rede über das Himmelsbrot und die daraus resultierende Spaltung der Jünger!

«Was er sagt, ist unerträglich. Wer kann das anhören?» Ist das nicht eine (sehr höfliche) Formulierung für das, was man heute dem Heiligen Vater vorwirft? «Was er sagt, ist unerträglich» – und sie halten sich die Ohren zu, beschimpfen ihn als «mittelalterlich, verknöchert, lebensfremd, neurotisch, leibfeindlich und machtbesessen»...; gerade sie, die in ihren hybriden Omnipotenzvorstellungen die *Über*-Macht der entfesselten Grundtriebe und das unvorstellbare, innerlich und äußerlich damit einhergehende Chaos mit allen Schreckensfolgen *ja bereits erlebt haben*!!!

Das ist es, was mir so unverständlich ist bei dem Ganzen! Es ist ja nicht so, daß die für die Kairo-Konferenz angepriesenen Konzepte aus dem luftleeren Raum zu uns hernieder geschwebt sind: Die wurden ja schon ausprobiert, da stehen ja schon (oft jahrzehntelange) Erfahrungen dahinter, da gibt es *schwarz auf weiß* die so zerstörerischen Folgen und Ergebnisse aufgelistet – bloß *sehen* will sie niemand, *annehmen* will sie niemand, *begreifen* will sie niemand!

Es könnte ja sein, daß man dadurch einige Ideologien dorthin befördern müßte, wo sie hingehören, nämlich in den Abfallkübel; es könnte ja weiter sein, daß man sich dadurch zu einer Änderung der eigenen Lebenseinstellung durchringen müßte (wie unbequem!); ja, es könnte schlußendlich sogar sein, daß ganze politische Systeme zusammenkrachen, weil sie eben diesen Ideologien entsprungen sind – und das, so meint der sich als Deus ex machina[10] verstehende Mensch, das dürfe nun wirklich einfach nicht sein!

Das ist alles so raffiniert eingefädelt von der alten Schlange: «Und ihr werdet sein wie Gott!» Ja, in einem solchen Ausmaß, daß wir die «safe abortion» für die ganze Welt proklamieren und so wirklich uneingeschränkt Herr sein wollen über Leben und Tod... *Domine, miserere nobis*![11]

Werden *wir* auch zu Gott und Seinem Plan zurückfinden wie das Volk der Israeliten, das in der heutigen Lesung von Josua versammelt wird, um allen Götzen endlich abzuschwören?

In diesem Zusammenhang möchte ich Sie auch gern auf ein außerordentlich interessantes Buch hinweisen. Es heißt «The Cooling» und wurde von Lowell Ponte geschrieben, einem in den USA sehr bekannten Klimatologen. Mr. Ponte setzt weltweites Klima und Bevölkerungswachstum in einen linearen Zusammenhang: Vom Zeitpunkt Null der Erdgeschichte bis etwa zum Jahr 1850 dauerte es, bis die Weltbevölkerung die Landmarke «1 Milliarde» erreichte und überschritt. Von 1850 (wo viele den Beginn der industriellen Revolution ansetzen) bis 1950, in nur 100 Jahren also, kam eine weitere Milliarde hinzu. Von 1950 bis 1975 schnellte die Zahl von zwei auf vier Milliarden hoch, und in den letzten 15 Jahren haben wir mehr als die fünfte Milliarde hinzugefügt. In weniger als acht Jahren werden wir die Sechs-Milliarden-Grenze gesprengt haben...

Ponte stellt die Theorie auf, daß die industrielle Revolution nun *nicht* (wie allgemein behauptet) der Grund für dieses rasante Anwachsen gewesen sein kann. Zwar versorgte sie die Menschen mit mechanischen Methoden, die mehr Saat und wesentlich größere Ernten ermöglichten, aber es war letztlich eine Veränderung des Wetters, die zuließ, daß so große Mengen überhaupt wachsen konnten. Seit 1850 ist das Wetter im Vergleich zu der übrigen planetaren Geschichte übermäßig mild... Kurz gesagt, Ponte behauptet, die Klima- und Wetterverhältnisse seit 1850 gehörten vom geschichtlichen Standpunkt her als *abnormal* eingestuft, und jede Rückkehr zu «normalen» (also vor 1850 gelegenen) Umständen würde sich als verheerend für die gesamte Menschheit erweisen. Und die Klimaveränderung sei bereits im Gange.

In der Tat sind die Kaffee-Preise wieder in den Himmel gestiegen, weil die letzten Frosteinbrüche die am Äquator gelegenen Kaffeeplantagen in Brasilien vernichtet haben... In der Tat ist nachweisbar, daß die Sahara sich wieder ein Stück weiter in den Süden vorgeschoben hat... In der Tat gibt es unglaubliche Wetterumschwünge in Europa und den USA, die dort im Mittelwesten entsetzliche Flutkatastrophen und im Nordwesten die schrekkenerregenden Feuer und Flächenbrände ausgelöst haben...

Es ist nicht möglich zu sagen, ob sich diese Theorie bewahrheiten wird: Ponte mit seiner «Abkühlung» oder die Gegenseite mit der voranschreitenden Erhitzung und dem «Treibhaus-Effekt». Aber sie öffnen uns die Augen dafür, wie wenig man in bezug auf die Weltbevölkerung sichere Prognosen stellen kann und daß es infolgedessen auch unmöglich ist, als Mensch diese Angelegenheit in den Griff zu bekommen. Das Programm von Kairo ist blanker Größenwahn!

Ja, auch ich kenne Papst-Photos jüngeren Datums und erschrecke über das Ausmaß an Leid, das hier erkennbar ist. Mehr als nur «einige wenige Frauen» wären hier nötig, um unserem Oberhaupt die Last ein klein bißchen tragen zu helfen... Und doch können wir das, wenn wir nur unbegrenzt auf die Macht des Gebetes vertrauen! Doch wie sieht es denn bei der Mehrheit der Zeitgenossen aus mit diesem Vertrauen? Ist es überhaupt noch vorhanden? Gibt es nicht Tendenzen, die selbst das Gebet eigennützig mißbrauchen wollen?...

«Seelsorge» ist heute eben mehr denn je die Domäne der Psychologie geworden. Es sind Psychologen, die uns sagen, was für die «Seele», für die «Psyche» des Menschen gut ist und was ihr schadet, und viele Theologen, die das Vertrauen auf die eigenen seelsorglichen Erfahrungen verloren zu haben scheinen, versuchen nun oft kritiklos auch für die Führung im geistlichen Leben psychologische Methoden zu übernehmen. Sicher kann und darf die heutige Seelsorge nicht mehr an den Erkenntnissen der Psychologie vorbeigehen, doch statt alles Heil von ihr zu erwarten und die Theologie ihr zu unterwerfen, wäre es «heilsamer» für die Menschen unserer Zeit, sich auf psychologische Erfahrungen der religiösen Praxis zu besinnen.

Eine Theologie, die nur den verschiedenen psychologischen Schulen nachläuft, wird von niemandem mehr ernst genommen. Die Psychologen erwarten heute von den Theologen, daß sie die reiche Erfahrung, die die Beter aller Zeiten gesammelt haben, wieder entdecken und für die heutigen Menschen fruchtbar machen.

(In diesem Zusammenhang stellt sich allerdings die Frage, welche Sprache diese Phänomene letztendlich realitätsgerechter beschreibt, die rein wissenschaftliche Sprache der Psychologie oder die Sprache des Glaubens, die mit mythologischen Bildern arbeitet und die Wirklichkeit dadurch auf nicht genau Festlegbares einengt, sondern Raum läßt für das Ungreifbare.)

Die verschiedenen Gebetspraktiken, die uns in der christlichen Tradition begegnen, sind eine Fundgrube für psychologische Erfahrungen. Bei den meisten klaffen der religiöse und der psychologische Weg noch nicht auseinander, denn der religiöse Weg beinhaltet alle jene psychologischen Erkenntnisse und Methoden, die heute eine selbständige Wissenschaft für sich beansprucht. In der gesamten christlichen Tradition ist das Gebet die

Quelle der Selbsterkenntnis und das Heilmittel für alle Wunden, die wir heute mit psychologischen Techniken zu heilen versuchen.

Das Gebet hat so verstanden zugleich analytische und therapeutische Funktion. Im Gebet erkennt der Mensch alle seine Fehlhaltungen und Krankheiten, und betend erfährt er Heilung. Der Beter ist somit nicht bloß fromm, sondern er wird durch das Gebet auch ein reifer, gesunder, weiser, ein *heiler* Mensch, ein Mensch, von dem man sagen könnte: Er hat zu sich selbst gefunden, er ist mit sich identisch geworden, er hat sich selbst verwirklicht.

Diese «Selbstverwirklichung», die wir heute durch zahlreiche psychologische und meditative Praktiken zu erreichen versuchen (fast möchte ich sagen: zu erzwingen versuchen!), ist in der Tradition das Ergebnis eines konsequent durchgehaltenen Gebetsweges. Allerdings war das Ziel dabei gar nicht die Selbstverwirklichung, sondern immer die Begegnung mit Gott und die Suche nach Gott.

Beim heutigen Ideal der Selbstverwirklichung steht der Mensch im Mittelpunkt, alles dreht sich nur um ihn. Meditation und religiöse Praktiken haben nur den Zweck, alle menschlichen Fähigkeiten zu entfalten. Man hat erkannt, daß auch die religiöse Anlage zur Ganzheit des Menschen gehört, also will man sie auch entwickeln. Gott ist dabei nur Mittel zum Zweck; Er ist nicht als Gott interessant, sondern nur als Hilfe für die persönliche Verwirklichung.

Der gläubige Beter aber will sich nicht verwirklichen, er will *Gott suchen...* Er versucht, alles in sich auszuräumen, was ihm Gott verstellt, und erfährt dabei, daß man nicht zu Gott finden kann, wenn man an sich selbst vorbeilebt. Im Gebet will der Gläubige mit Gott sprechen und sich Ihm zuwenden, doch immer wieder erfährt er, daß er sich dazu vorher mit sich selbst beschäftigen muß. Wir können im Gebet uns selbst nicht entfliehen und unsere auftauchenden Gefühle und Gedanken, die unseren inneren Zustand bloßlegen, nicht verdrängen.

Wenn Gedanken und Emotionen uns am Beten hindern wollen, bleibt oft nichts anderes übrig, als nachdenklich zu ergründen, woran das liegt, und das bedeutet, sich mit sich selbst zu beschäftigen, sich und die auftauchenden Stimmungen zu beobachten und nach den Ursachen zu suchen. Erst wenn Emotionen wie Eifersucht, Zorn oder Ärger angenommen und bewußt in Liebe umgewandelt werden, kommen die Gedanken zur Ruhe und man kann sich erneut Gott zuwenden. Das Gebet zwingt also gewissermaßen zur Selbsterkenntnis, weil wir, ohne unsere innersten Gedanken und Strebungen zu kennen und ohne innere Wachsamkeit nicht gesammelt beten können...

Umgekehrt sind auch die auftretenden Zerstreuungen ein gutes Mittel, sich selbst zu erkennen. Wie Träume uns Aufschluß geben über das, was in unserem Unbewußten vor sich geht, so zeigen uns auch die aus dem Unbewußten aufsteigenden Zerstreuungen, was im Grunde unserer Seele vor sich geht.

Selbsterkenntnis ist also nicht bloß Voraussetzung für das Gebet, sondern umgekehrt ist dieses auch eine Hilfe für den Menschen, sich selber zu erkennen; stellt es uns doch vor Gott, der die Wahrheit ist und uns erst die wahren Motive unseres Handelns und die Ursachen unserer Gedanken und Stimmungen erkennen läßt. Erst durch die Konfrontation mit Gott wird mir bewußt, was in mir verkehrt ist; es wird mir aufgedeckt, was reine Selbstbeobachtung nie sehen würde... Das Gebet kann daher nie Monolog sein, nie Selbstbespiegelung, sondern immer *Gespräch und Begegnung* mit einer von mir unabhängigen Person.

Erst die Befreiung des Menschen von Angst und Resignation, Haß und Eifersucht, Depression und Verzweiflung – ob mittels einer gläubig-kompetenten Psychologie oder auf dem Weg des Gebetes als Quelle der Selbsterkenntnis –, erst diese, wie wir heute sagen, «psychologische Vorarbeit» kann uns den Blick öffnen für die eigentliche Basis des Glaubens: für die Heilserfahrung aus einem geheimnisvoll-transzendentalen Ursprung, für die heilende Begegnung mit dem liebenden Du Gottes.

Die Alten haben auch die therapeutische Wirkung des Psalmengebetes erkannt. Die Psalmen sind ja gewissermaßen «erzählte Psychologie»: in ihnen wird nichts ausgeklammert, nichts beschönigt; sie sprechen von der ganzen Bandbreite menschlichen Lebens, von seinen Höhen und Tiefen und von der vielgestaltigen Geschichte der Menschen mit ihrem Gott. In den Psalmen finden wir unser ganzes Leben; wir finden unsere Freude am Erfolg, unsere Enttäuschungen, unsere Mißerfolge, unser Leiden am Verrat der Freunde. Wir stoßen darin auf unsere Gefühle, auf Ärger und Zorn, auf Lustlosigkeit und Leere, auf Eifersucht und Haß und auf Liebe, Hoffnung und Vertrauen.

Wenn ich am Abend Psalmen bete, spreche ich mit den Worten des Psalms mein Leben aus, ich erzähle Gott meinen Tag in Seinen Worten. Es ist kein bloßes Nachdenken oder Analysieren, es ist ein Vor-Gott-zur-Sprache-Bringen. Oft aber entdecke ich nichts von dem, was ich erlebt habe in den Psalmen; im Gegenteil, ich bin vielleicht noch voller Ärger und Zorn über das, was heute schief gegangen ist, und soll jetzt einen Lobpsalm beten, zu dem ich absolut nicht aufgelegt bin... Aber gerade diese Konfrontation mit dem Gegenteil meiner Stimmung kann heilsam sein, weil ich mich stellen muß: Was bedeutet «Gott loben» angesichts meines Ärgers? Nehme ich mich und meine Gefühle vielleicht zu wichtig? Ist die Aufforderung zu loben nicht auch eine Aufforderung, von dem Kreisen um mich selbst zu lassen und mein Selbstmitleid aufzugeben?

Im Schweigen vor Gott können sich dann alle Emotionen setzen und beruhigen. Es geht hier nicht darum, daß der Ärger einfach nur geschluckt wird – das würde nur Magengeschwüre hervorrufen! –, sondern es geht um ein *Verarbeiten*, indem ich durch das Schweigen eine gewisse Distanz zu mir selbst bekomme. Erst dann kann ich mich auf jenes Abenteuer einlassen, das mich in einem ehrlichen Schweigen vor Gott erwartet, in einem Schweigen, das in völliger Armut sich selbst und alle Suche nach Erfahrung losläßt und sich nur noch vertrauend hineinfallen läßt in den mich liebenden Gott...

Es erscheint mir als dringendes Gebot der Stunde, den Heiligen Vater täglich mit hineinzunehmen ins Gebet, ihm Kraft zu erbitten und Segen, wenn er die Lehre dessen verteidigt, der «Weg, Wahrheit und Leben» für uns geworden ist. Ebenso dringlich aber sollen wir um die Gnade bitten, in diesen Zeiten die Treue bewahren zu können...

Großes kann geschehen, wenn wir voller Liebe sind, voller Vertrauen und voller Erwartung – ja, wir müssen von Gott etwas *erwarten*, wir müssen von Ihm *alles* erwarten, auch das uns unmöglich Erscheinende! Was wäre unser Glaube denn sonst wert?

Beten wir also gemeinsam für den Heiligen Vater und für die bevorstehende Konferenz, bei der sie ihn erneut an den Pranger stellen werden...

Alles Liebe Andrea

Uelzen, 22. August 1994

Liebe Andrea,

vom Nachdenken über die Weltbevölkerungskonferenz kommen Sie zu einer Reflexion über den Sinn des Gebets! Auf den ersten Blick nur scheint das weit voneinander entfernt; auf den zweiten wird rasch eindeutig, daß der dort gemachte Entwurf uns geradezu betend in die Knie zwingen muß!

Liebe Andrea, mir ist dazu eine Gelegenheit intensiver Art ins Haus geflogen, und ich möchte Sie dazu einladen: Ich soll am kommenden Freitag in Prag in der St. Benedikt-Gesellschaft einen Vortrag halten. Diese Vereinigung hat es sich zum Ziel gesetzt, international für ein neues, christliches Europa geistig und geistlich zu wirken. «Europa wird erst entstehen», schreibt der Präsident Maurizio Vollauri, «wenn andersartige Fundamente gelegt werden, nämlich die Neu-Evangelisierung mit ihren Wurzeln im Evangelium.»

Ist das nicht auch unser beider Wunsch und Programm? Am Freitag findet eine Heilige Messe in der Basilica della Assunta im Kloster Strahov statt, ebenso eine Vesper in der Klosterkirche und abends ein Spaziergang durchs alte Prag, der goldenen Stadt, mit einer Komplet in der alt-ehrwürdigen Kirche St. Saubeur.

Liebe Andrea, ist das nicht genau das, was wir jetzt brauchen? Ich weiß, Sie werden es ermöglichen! Es wird eine Schar höchst verantwortungsbewußter Menschen zusammensein und sich im gemeinsamen (Gebets)-Anliegen zusammenfinden.

Es wird auch so etwas sein können wie die stille Krönung unseres hochsommerlichen Briefwechsels, der Kennenlernen und Freude in der Gemeinsamkeit gleichzeitig war.

Ich warte auf Ihr Fax!

In fröhlich gewisser Erwartung

Ihre Christa Meves

Graz, am Fest Maria Königin 1994

Liebe Christa Meves,

Dank für die so liebe Einladung!

Kein Erdbeben der Welt könnte mich daran hindern, Sie nach Prag zu begleiten...

Gleich morgen setze ich mich mit dem Reisebüro in Verbindung!

In heller Begeisterung Ihre Andrea

Uelzen, 28. August 1994

Liebe Andrea!

Nun haben wir uns wieder voneinander verabschieden müssen; Sie entschwanden in den Süden, ich entflog nach Norden. Aber wenn die Entfernung in Kilometern gemessen auch abermals groß ist: Im Geist läßt sie sich nach dem gemeinsamen Erleben von Prag jetzt noch viel leichter überbrücken: Wir werden – Sie dort, ich hier – im gleichen Geist weiter wirken, und das wird uns mit Nähe beschenken. Davon bin ich überzeugt.

Was war der größte Eindruck dieser drei Tage? Für mich eigentlich nicht mein Vortrag. Er gehörte eher in die unendliche Kette meiner Bemühungen, den Menschen heute den Zusammenhang zwischen neuer psychologischer Erfahrung und den urchristlichen Wegweisern zu verdeutlichen; und die Zuhörer nahmen mich damit ja auch freundlich an.

Nein, für mich waren die großen beiden Heiligen Messen im Kloster Strahov das am meisten bewegende Erleben. Hier gab es darüber hinaus noch etwas Besonderes, das uns beiden zunächst Rätsel aufgab: In unser Blickfeld fiel während der wunderbaren Zelebration der Heiligen Handlung durch die Mönche und den Prior des Klosters ein mächtiges Bildnis an einer der rechten Hauptsäulen. Erinnern Sie sich? Da war ein eher im Dunkeln liegender Treppenaufgang dargestellt. Im Mittelpunkt stand die Gestalt eines jungen Mädchens – lebendig, kraftvoll, ja fast lustig wirkte sie mit einer Art Pferdeschwanzfrisur –, die, den Blick nach oben gerichtet, auf eine ihr entgegenkommende Gestalt zueilte: einer sehr alten Frau offensichtlich mit greisenhaft herabfallenden Haaren und einem fahlen, fast schemenhaft wirkenden Gewand. Erst in der zweiten Messe, als wir am gleichen Platz saßen, kamen wir schließlich gemeinsam darauf, daß es sich dabei wohl um die Ankunft der Maria bei Elisabeth handeln müsse.

Die Unruhe der Abreise hinderte uns daran, später noch einmal darüber zu sprechen; aber mich hat auf der Heimreise diese Darstellung intensiv begleitet und beschäftigt. Schließlich wurde mir schlagartig klar, daß in ihr für uns beide geradezu eine Botschaft enthalten ist:

Maria und Elisabeth: Was hat das eigentlich überhaupt zu bedeuten? Der Apostel Lukas führt ja sehr ausführlich und geheimnisvoll auf diese Begegnung zu, indem er die Wundergeschichte um die Entstehung von Johannes dem Täufer darstellt, ja, den Bericht seines Evangeliums (anders als alle anderen drei Apostel) nachdrücklich mit der Geschichte der Eltern des Johannes, mit Zacharias und Elisabeth, beginnt.

Dieses alte Priesterehepaar war «fromm und untadelig», das heißt: «Sie hielten sich in allem streng an die Gebote und Vorschriften des Herrn. Sie hatten keine Kinder; denn Elisabeth war unfruchtbar, und beide waren schon im vorgerückten Alter.» Während der Zelebration der Heiligen Handlung des Rauchopfers erschien dem Zacharias nun der Engel Gabriel und verhieß ihm einen Sohn. Er werde bereits im Mutterleib vom Heiligen Geist erfüllt sein, so erklärte der Engel, und später die Israeliten zu Gott bekehren. Er werde das Volk für den Herrn bereitmachen, indem er «das Herz der Väter wieder den Kindern zuwendet (!) und die Ungehorsamen zur Gerechtigkeit führt».

Johannes ist also der Herold des Herrn. Er bereitet den Boden für die Saat vor. Reif dafür ist die Zeit freilich keineswegs, so ergibt es sich später, und so läßt ihn Herodes schließlich enthaupten, weil er dessen sittenloser «Lebensgefährtin» die Wahrheit gesagt hatte.

Zacharias und Elisabeth stehen also für den Übergang vom alttestamentarischen Judentum zum Christentum. Zacharias steht fest auf dem Boden des traditionellen Glaubens. Aber angesichts des Einbruchs des Wunders (daß er und seine unfruchtbare Frau doch noch einen Sohn haben werden) versagt sein Vertrauen in die Allmacht Gottes. Deshalb verliert er bis zur Geburt des Johannes die Sprache, wird aber durch das Eintreten der Engels-Prophezeihung schließlich in den Glauben geradezu hineingedrängt und von seiner Sprachlosigkeit erlöst.

Bei der Verkündigung des Engel Gabriel an Maria wird das Wunder ihrer Schwangerschaft vom Engel ausdrücklich mit dem an Elisabeth geschehenden Wunder verknüpft und wird so von Maria offenbar als ein Auftrag erlebt, eine Begegnung mit Elisabeth herbeizuführen. So machte sich Maria danach unverzüglich auf, Elisabeth zu besuchen. Instinktiv erfaßte Elisabeth die Bedeutung dieses Besuchs (sie besaß schließlich keinerlei Ankündigung durch den Engel wie Zacharias und Maria); sie *erfuhr* nur bereits das Wunder in Gestalt ihrer Schwangerschaft und hatte dadurch eine vorahnende Offenheit entwickelt, so daß sie Maria als die «Gebenedeite des Herrn» anzusprechen vermochte.

Liebe Andrea, ich habe Ihnen diese Ihnen gewiß gut bekannte Geschichte noch einmal ein wenig zusammengefaßt dargelegt, um Ihnen zu entwickeln, was mir bei dem Versuch, diese Urgeschichte auf unsere Zeit zu übertragen, einfiel. Ich glaube: Im 21. Jahrhundert wird Christus in Analogie zu dem Urwunder an Maria und Elisabeth in einer großen Erweckungsbewegung gewissermaßen noch einmal geboren werden.

Zur Zeit sind nur noch einige fromme Alte dem Glauben treu geblieben (wobei sich zeigt, daß die frommen Männer es weniger schaffen, an Gottes Wundertätigkeit zu glauben als ihre Frauen). Sie aber geben ihr Gottvertrauen an die Kinder und Enkel weiter und bereiten damit den neuen Aufbruch vor. Sie gebären so gewissermaßen die Herolde. Diese werden zwar noch von einer bösen und sittenlos gewordenen Zeit «enthauptet», verfolgt, ausgegrenzt, beseitigt; aber sie werden «das Herz der Väter wieder für die Kinder öffnen», d.h. sie werden sich der Massenabtreibung entgegenstellen, die Kinder liebevoll erziehen und so wieder Zukunftsträchtigkeit entwickeln.

Auch das geschieht heute im geistigen Bereich schließlich schon vielfältig, wenn auch die Zeit für einen großen Aufbruch noch nicht reif ist. Und doch entsteht hier eine neue Gemeinsamkeit zwischen Alt und Jung: Der alte, in der Tradition verwurzelte Glaube verbindet sich in ehrfürchtiger, instinktsicherer Einsicht mit der neu erstehenden Kraft des Heils, das besonders von jungen, unverdorbenen Frauen ausgetragen werden wird.

Nicht wahr, Andrea, wir haben das so sehr gespürt in diesen wunderbaren Stunden im altehrwürdigen Kloster Strahov zu Prag: Die Alten müssen die Vorarbeit leisten, um so den Jungen die Staffel in die Hand zu drücken, damit diese dem Sieg der Wahrheit, Christus, entgegenlaufen.

Ja, das hat uns Prag vermittelt: Wir beide wollen unsere Saatkörnlein dazu beitragen und uns, über die geistliche Begegnung ähnlich beglückt wie Elisabeth und Maria, jedenfalls darum bemühen, uns treu und überzeugt nach den beiden großen Frauenvorbildern auszurichten – im Dienst für unseren Gott!

Ihre Christa Meves

Anmerkungen

1 Hochpreiset meine Seele den Herrn
2 Warnende innere Stimme bei Sokrates
3 Mutter Kirche
4 «Über den Papst nur Schlechtes»
5 Die ständig erneuerungsbedürftige Kirche
6 «Ihr werdet sein wie Gott»
7 «Ganz schön bist du, Maria» (ohne den Makel der Erbsünde)
8 Herr, erbarme dich unser!
9 Das Opfer des Verstandes; gegen besseres Wissen
10 Gott aus der Maschine
11 Herr, erbarme dich unser!

Da sagte er zu seinen Jüngern: Die Ernte ist groß, aber es gibt nur wenig Arbeiter. Bittet also den Herrn der Ernte, Arbeiter für seine Ernte auszusenden (Mt 9, 37–38).

GERHARD ADLER
Die Engel des Lichts
158 Seiten, Paperback, 16 Farbtafeln
Das Schlagwort «Bewahrung der Schöpfung» ist in aller Munde. Aber den wenigsten Menschen ist bewußt, daß wir einen zentralen Bestandteil der Schöpfung vergessen: Die Engel, die Erstlinge der Schöpfung, denen Gott eine besondere Mission zu unserem Schutz gegeben hat: «Siehe, ich sende meinen Engel aus, daß er vor dir hergehe und dich behüte auf dem Weg und dich an den Ort führe, den ich bereitet habe» (Ex 23,20). Gerhard Adlers spannendes Buch, das in jahrelanger Beschäftigung mit historischen Quellen entstanden ist, stellt uns die Kraft und Schönheit der Engel vor Augen. Als Frucht dieser Lektüre werden in jedem aufgeschlossenen Leser Überraschung, Staunen und Dankbarkeit geweckt.

MAX THÜRKAUF
Die Spatzen pfeifen lassen
10. Tsd., 286 Seiten, 34 Fotos
Der Basler Naturwissenschaftler und Philosoph schrieb ein «geistliches Tagebuch». Seine Liebe zur Naturwissenschaft entspringt dem Willen zur Wahrheit. Denn in der Wahrheit der Schöpfung offenbart sich der Schöpfer selbst. So kann es nur einen Weg der Erkenntnis geben, dem Thürkauf in Demut folgt: den Weg des Glaubens. Die vollendete Form von Naturwissenschaft ist Gottesdienst. Immer wieder kommt in diesen Tagebuchaufzeichnungen das Leiden um den Mißbrauch von Chemie und Physik zum Ausdruck. In einem rücksichtslosen Wirtschaftgebaren führt er zur Zerstörung der Schöpfung. Im Bildteil werden 32 Persönlichkeiten vorgestellt, die ihre tröstlichen Erfahrungen mit Gott an heutige Menschen weitergegeben haben.

KARL LUKAS HONEGGER

Mein Leben und Werk

525 Seiten, 48 Farbfotos, 79 s/w-Fotos

Karl Lukas Honegger, geborener Zürcher, schildert uns seinen Werdegang als Maler und Bildhauer: seine Rückschläge und Enttäuschungen, das unentwegte Ringen um die künstlerische Form. Nach der Konversion zum Katholizismus hat er mit aller Kraft versucht, seine Kunstwerke aus der Erfahrung mit Gott zu gestalten. In dieser Autobiographie schildert er sein Verhältnis zur Kunst, seine Freundschaften, seine weltweiten Reisen und woher er Anregungen empfangen hat. Mit 127 Fotos werden wichtige Werke in hervorragenden Reproduktionen wiedergegeben. Der Wille zur Abkehr vom Nihilismus und die Rückkehr zum Mysterium der Schöpfung, deren verborgene Schönheit im Werk von Honegger aufscheint, wird deutlich erkennbar. Feinfühlig erläutert der Künstler seine Werke für den Leser.

P. THOMAS WEGENER

Anna Katharina Emmerick

10. Tsd., 396 Seiten, 40 Abbildungen, 4 Farbbilder

Anna Katharina Emmerick (1774–1824) ist eine der bemerkenswertesten Persönlichkeiten in der christlichen Mystik. Von Kindheit an prophetisch begnadet, trug sie während zwölf Jahren die Wundmale Christi. Sie sah visionär viele Ereignisse aus der ganzen Schöpfungs- und Heilsgeschichte. Thomas Wegener, der aus ihrer Heimat stammt und viele Augenzeugen persönlich gekannt hat, gilt als ihr klassischer Biograph. Sein Werk eröffnet dem Leser eine Gesamtschau von Gottes Schöpfung und Vorsehung, die ihn wie eine Offenbarung überfällt. Ein reicher Bildteil stellt das Werk in den zeitgenössischen Rahmen.

WILHELM SCHAMONI / KARL BESLER

Charismatische Heilige

309 Seiten, 55 Abbildungen, Ganzleinen

Die Ereignisse im Leben der Heiligen sind der beste Kommentar zur Heiligen Schrift. Wo es um Heilige geht, nimmt es die katholische Kirche mit jedem Skeptiker auf. Ein Heiligsprechungsprozeß wird so gründlich geführt, daß das Aktenmaterial meist mehrere Foliobände füllt. Dieses Buch bringt Zeugenaussagen aus solchen Prozessen. Wir lernen so die Heiligen aus einer ganz neuen Perspektive kennen. Jeder Heilige hat ein besonderes Charisma. U.a. begegnen wir Petrus Claver, Pionier der Heidenmission; Markus von Aviano, dem Retter Wiens; Jean-Joseph Gérard, der Tote erweckt hat.

FERDINAND HOLBÖCK

Die neuen Heiligen der katholischen Kirche

Von Johannes Paul II. 1988–1991 kanonisierte Selige und Heilige, Band 3, 350 Seiten, 128 Abbildungen

Der berühmte Schriftsteller Franz von Sales sieht zwischen dem geschriebenen Wort der Bibel und dem Leben der Heiligen keinen anderen Unterschied als zwischen den Noten der Musik und ihrer Ausführung. Erst im Konzertsaal werden sie vom Dirigenten und seinem Orchester in rauschende Sinfonien verwandelt. So wird auch die Frohbotschaft des Evangeliums erst durch die Heiligen ins Leben umgesetzt. Die Heiligen sind wichtig für uns, denn sie sind authentische Zeugen für die Wahrheit des Evangeliums. In diesem Band werden uns 100 Selige und 15 Heilige vorgestellt. Besonders eindrücklich ist das Glaubenszeugnis vieler Märtyrer aus Spanien, Mexiko, Thailand und Vietnam. Eine neue Elite der Kirche, viele Gesichter, die uns mit neuer Hoffnung erfüllen.

GERHARD ADLER
Von der kommenden Welt
Jenseitsbilder
166 S., 1 Abb., Paperback, DM 24.-, Fr. 22.50, S 187
In wohltuenden Bildern spricht das Neue Testament von der kommenden Welt. «Als nun der Arme starb, wurde er von den Engeln in Abrahams Schoß getragen.» Eine Metapher für die Welt Gottes ist auch das Hochzeitsmahl. Das reichste jüdisch-christliche Sehnsuchtsbild ist das Himmlische Jerusalem. Doch statt die Neugierde von Jenseitstouristen zu befriedigen, hebt die Bibel die Eintrittsbedingungen in Gottes Reich hervor: «Selig sind...» Christliche Hoffnung hat sich nie mit Andeutungen zufrieden gegeben. Abendländische Literatur und Kunst sind nicht denkbar ohne die Bildwelten von Homer, Platon oder Dante. Eine ganz andere «Eschatologie» verbreitet sich dagegen heute erneut: Mit der New-Age-Bewegung der Gedanke von wiederholten Erdenleben. Gottes Heil wird eingetauscht gegen die Hoffnung auf eine bloße Existenzverlängerung.

MAX THÜRKAUF
Unruhig ist unser Herz
Aufl. 10. Tsd., 225 S., 24 Abb., DM 19.-, Fr. 18.-, S 148
Eine gewaltige Unruhe hat unsere Zeit erfaßt. Die kommunistischen Systeme im Osten sind zusammengebrochen. Aber auch der Materialismus des Westens steht vor dem Bankrott. Viele Menschen fühlen sich innerlich leer und suchen mit Drogen ihren Depressionen zu entfliehen. Der Philosoph und Naturwissenschaftler Max Thürkauf zeigt uns Wege, den Atheismus zu überwinden und zum Frieden mit Gott zurückzufinden. Ein Buch, das vor allem jungen Menschen eine neue Zukunft eröffnet.

CHRISTIANA-VERLAG CH-8260 STEIN AM RHEIN